ISAAC JULIEN

Musée d'art contemporain de Montréal
Du 8 octobre 2004 au 9 janvier 2005

Paulette Gagnon

Isaac Julien

Une exposition organisée par le Musée d'art contemporain de Montréal et présentée du 8 octobre 2004 au 9 janvier 2005.

Conservatrice : Paulette Gagnon
Documentation biobibliographique : Élaine Bégin

Cette publication a été réalisée par la Direction de l'éducation et de la documentation du Musée d'art contemporain de Montréal.

Éditrice déléguée : Chantal Charbonneau
Révision et lecture d'épreuves : Olivier Reguin, Susan Le Pan, Donald Pistolesi
Conception graphique : Fugazi
Impression : Litho Acme

Le Musée d'art contemporain de Montréal est une société d'État subventionnée par le ministère de la Culture et des Communications du Québec et bénéficie de la participation financière du ministère du Patrimoine canadien et du Conseil des Arts du Canada.

©Musée d'art contemporain de Montréal, 2004

Dépôt légal : 2004
Bibliothèque nationale du Québec
Bibliothèque nationale du Canada

Distribution
ABC Livres d'art Canada/Art Books Canada
372, rue Sainte-Catherine Ouest, bureau 230
Montréal (Québec) H3B 1A2
Téléphone : (514) 871-0606
Télécopieur : (514) 871 2112
www.abcartbookscanada.com
info@abcartbookscanada.com

Catalogage avant publication de la Bibliothèque nationale du Canada

Gagnon, Paulette

Isaac Julien

Catalogue d'une exposition présentée au Musée d'art contemporain de Montréal du 8 oct. 2004 au 9 janv. 2005.
Comprend des réf. bibliogr.
Texte en français et en anglais.

ISBN 2-551-22540-X

1. Julien, Isaac - Expositions. 2. Julien, Isaac - Entretiens. 3. Cinéma - Expositions. 4. Producteurs et réalisateurs de cinéma - Grande-Bretagne - Entretiens. I. Julien, Isaac. II. Merali, Shaheen, 1959- . III. Musée d'art contemporain de Montréal. IV. Titre.

PN1998.3.J84G33 2004   791.4302'33'092   C2004-941360-0F

Tous droits de reproduction, d'édition, de traduction, d'adaptation, de représentation, en totalité ou en partie, réservés en exclusivité pour tous les pays. La reproduction d'un extrait quelconque de cet ouvrage, par quelque procédé que ce soit, tant électronique que mécanique, en particulier par photocopie ou par microfilm, est interdite sans l'autorisation écrite du Musée d'art contemporain de Montréal, 185, rue Sainte-Catherine Ouest, Montréal (Québec) H2X 3X5.

Remerciements
Je désire exprimer ma profonde gratitude à l'artiste Isaac Julien pour la confiance qu'il m'a témoignée et pour sa généreuse collaboration lors de la réalisation de cette exposition. Je suis également reconnaissante à Victoria Miro et Glenn Scott Wright de la Victoria Miro Gallery de Londres et à leur collaboratrice Kelly Taylor. Mes remerciements vont aussi à Tom Cullen et Timandra Read dont l'indispensable collaboration a contribué à rendre possible l'exposition. Merci encore à Shaheen Merali pour sa participation au catalogue, à Gary W. Nichols de Hare & Hound Press ainsi qu'à tous ceux qui ont été associés à ce projet. P. G.

4	Avant-Propos
6	Introduction
8	Faire de l'histoire un instrument de conscience réflexive **Paulette Gagnon**
22	Ré-articulations **Isaac Julien en entretien avec Shaheen Merali**
30	Œuvres
73	Introduction
75	Making History an Instrument of Reflexive Conciousness **Paulette Gagnon**
83	Re-articulations **Isaac Julien in conversation with Shaheen Merali**
88	Liste des œuvres
89	List of Works
90	Biobibliographie sélective

AVANT-PROPOS

Marcel Brisebois

À une certaine époque de l'histoire occidentale, les penseurs, les poètes et les artistes ont fouillé les ruines de l'Antiquité gréco-romaine pour inventer un nouvel humanisme. Cette période est auréolée d'un nom étincelant : la Renaissance. Aujourd'hui, on peut penser qu'il nous faut inventer un nouvel humanisme. Celui-ci ne s'abreuvera plus aux seules sources de la pensée et de l'art occidentaux, mais il sera nourri des formes dans lesquelles se sont moulées d'autres expériences intellectuelles ou sensorielles. Déjà, au début du siècle dernier, les arts qu'on appelait primitifs ont inspiré les créateurs occidentaux; mais on sait qu'après quelques expériences, ceux-ci ont retrouvé les voies d'un retour à l'ordre, comme l'a rappelé Kenneth E. Silver. Ce qui se produit de nos jours est bien différent. Ce n'est plus le fait d'artistes qui, estimant épuisée la tradition occidentale, veulent la revivifier par des emprunts occasionnels aux civilisations étrangères, mais de créateurs qui, enracinés dans leur culture originaire, ont recours à l'expérience occidentale pour approfondir notre compréhension de l'homme et l'enrichir.

Isaac Julien me semble compter parmi ceux-là. Déjà l'ampleur et la résonance de son œuvre sont considérables. Isaac Julien vit et travaille à Londres et il est connu pour ses films, ses vidéogrammes et ses photos. En 2001, il figurait parmi les finalistes du fameux Turner Prize, décerné chaque année par la Tate Gallery à un artiste prometteur dont l'œuvre est considérée comme particulièrement significative. Son travail se préoccupe de la diaspora noire et fait appel à des références diverses : historiques, littéraires, anthropologiques ou philosophiques. L'artiste, tout en maîtrisant les techniques de certaines disciplines, sait outrepasser leurs limites et les allier dans une œuvre profondément originale qui explore aussi bien la mémoire des individus et des collectivités que l'imaginaire qui les habite.

Pour la présente exposition, le Musée a réuni trois des installations les plus récentes de ce créateur considéré comme l'un des plus innovateurs de la scène artistique actuelle, notamment celle de *True North* qui vient tout juste d'être menée à terme.

Le Musée remercie vivement Isaac Julien qui a consenti à présenter son œuvre dans nos murs et qui a contribué au catalogue par un essai original. Le Musée remercie également la commissaire de cette exposition, madame Paulette Gagnon.

Sa reconnaissance s'étend aux instances qui, par leur soutien financier, ont permis la réalisation de cette exposition : le ministère de la Culture et des Communications du Québec et le Conseil des Arts du Canada.

Enfin, que les visiteurs de l'exposition trouvent ici l'expression de la profonde considération du Musée pour leur appui indéfectible.

TRUE NORTH

Parmi les activités du Musée d'art contemporain de Montréal, la coproduction d'une œuvre d'art est un choix important. Le Musée a jusqu'à maintenant suivi des artistes de différentes disciplines ou bien les a aidés à réaliser une œuvre, sans toutefois s'impliquer systématiquement dans la coproduction. Lorsque Christine Van Aasche, du Centre Georges Pompidou, me fit savoir qu'Isaac Julien était à la recherche d'institutions désireuses de s'investir dans *True North*, l'idée d'une coproduction reliée à une acquisition et le désir de donner à l'artiste les moyens de sa liberté de création ont tout de suite eu un écho favorable au sein de notre institution. Au souhait d'offrir à l'artiste la possibilité de créer une œuvre s'est ajouté celui d'acquérir et de mettre en exposition cette même œuvre, élément positif supplémentaire. Cet engagement de l'institution envers l'artiste s'accompagne d'échanges permettant de connaître l'évolution du projet au cours de sa réalisation, et le Musée lui en est reconnaissant. Car l'œuvre d'Isaac Julien, porteuse du sens de l'histoire et dotée d'une grande force dramatique, est complexe et fascinante à maints égards.

Le Musée d'art contemporain de Montréal est fier de s'associer à *True North* comme coproducteur. Sont également impliqués dans la réalisation de cette œuvre : le Centre Georges Pompidou, à Paris; The House of World Culture, à Berlin; Linda Pace, à San Antonio, Texas, et monsieur et madame Appels, à Toronto.   P. G.

Paulette Gagnon

FAIRE DE L'HISTOIRE UN INSTRUMENT DE CONSCIENCE RÉFLEXIVE

Si l'histoire sait être hardie, elle a des possibilités de renouvellement indéfinies, mais dans une autre dimension. Paul Veyne[1]

Le travail d'Isaac Julien interroge le rôle de la mémoire dans la construction du mythe de l'identité à travers le destin de la diaspora noire. Cette question d'identité se pose au niveau de l'individu comme à celui d'une collectivité ou d'un peuple. La mémoire se mesure d'une certaine façon au passé, et par conséquent à l'histoire, soit pour y puiser l'inspiration, soit pour les conjurer. Ce passé laisse donc une empreinte indélébile sur le cours du présent et par ricochet sur le « possible futur ». Il n'est nullement en contradiction avec la consistance de l'univers fictionnel qui en émane. La mémoire, dans la perspective du travail de Julien, n'est pas l'agent d'un simple rappel, d'une simple résurgence, mais plutôt une « re-mémorisation » au travers d'une nouvelle compréhension. Au-delà du mouvement des images, le mouvement de l'être et de l'apparaître constitue un des enjeux de l'œuvre de l'artiste.

À l'instar des peuples autochtones de la terre, les peuples noirs ont exprimé depuis fort longtemps leurs pensées et leurs sentiments les plus profonds, d'abord sous la forme de mythes et de légendes, d'allégories, de paraboles et de contes, de chants et de mélopées, de poèmes, de proverbes, créant une littérature orale. Certains genres traditionnels survivent, tandis que d'autres ne cessent d'apparaître, exprimant aussi bien des préoccupations contemporaines que des thématiques illustrant divers aspects du passé. La littérature influence les différentes formes d'art et fournit de nouvelles structures à de nouvelles œuvres. Ainsi Frantz Fanon et Langston Hughes, deux géants de la littérature noire, ont-ils inspiré par leur pensée la construction de deux œuvres de Julien : *Frantz Fanon: Black Skin White Mask*, 1996, et *Looking for Langston*, 1989.

[1] Paul Veyne, *Comment on écrit l'histoire*, suivi de *Foucault révolutionne l'histoire*, Paris, Seuil, 1979, p. 9-10.

Un des objectifs d'Isaac Julien est d'explorer les complexités de la représentation en décomposant les barrières séparant les disciplines artistiques — le film, la musique, le théâtre, la littérature, la danse, les arts visuels… —, stratégie par laquelle l'artiste redéfinit en quelque sorte les limites de son champ d'activité. Son œuvre traverse les médiums et induit une réalité qui rend possible un nouveau territoire pour l'art. Tandis que *Three (The Conservator's Dream)*, 1996-1999, une exploration du désir, tire de ses observations sur la danse contemporaine les éléments d'un récit visuel d'une grande intensité, *The Long Road to Mazatlan*, 1999, créée en collaboration avec le danseur et chorégraphe Javier de Frutos, porte sur « la fusion du film et du mouvement, une danse du regard »; cette installation comportant trois écrans dépeint une interaction homosexuelle qui utilise des références cinématographiques et une iconographie du cow-boy dans le paysage de l'Ouest américain. Si *Paradise Omeros*, 2002, et *True North*, 2004, s'appuient, pour l'une, sur la littérature, et pour l'autre, sur l'histoire, afin de promouvoir les idées complexes qui se font sentir au travers des thèmes abordés dans ces films, *Baltimore*, 2003, réactualise les films de « blaxploitation » des années 1970 par l'intérêt que porte l'artiste à la culture du cinéma noir américain et au « cinéma de BaadAsssss[2] », dans un enchaînement complexe de références à la peinture d'histoire, à l'art cinématographique, au politique et au sociologique.

À parcourir les œuvres vidéographiques d'Isaac Julien, il est frappant de constater que ses travaux, d'une grande puissance conceptuelle, tendent à produire une vision globale de réalités sociales et politiques relatives à la diaspora noire et des rapports de force qui les déterminent. À partir de mises en cause répétées de la dialectique concernant le monde noir, Julien y poursuit une réflexion sur son statut, sur sa capacité politique et sociale, sur sa fonction critique touchant à la mémoire et au savoir. Il en résulte une recherche liée à l'identité, élément décisif de son œuvre.

Et puisque tout relève de l'histoire…
L'artiste puise dans les documents d'archives et dans l'histoire les événements auxquels il prête une extension dans le temps. Comme si tout était histoire et que le paradoxe résidait dans ce que nous en extrayons : c'est en étudiant l'histoire que l'on prend assez

---

2   Le phénomène de « blaxploitation » fait partie d'une ère controversée du cinéma noir américain. Le cinéma de « BaadAsssss » raconte ces moments fascinants et met à jour les films de « blaxploitation » où les nouveaux rôles de héros sont tous tenus par des acteurs noirs. Ces films existent en réaction aux inégalités sociales et aux situations où les Noirs occupaient dans le cinéma américain des rôles de victimes.

3   Selon l'artiste, « un langage souvent débattu mais rarement entendu à travers l'utilisation de la technologie numérique ».

4   Roland Barthes, « Introduction à l'analyse structurale des récits », dans *Poétique du récit*, Paris, Seuil, 1977, p. 7 à 103.

de recul pour poser, dans toute leur étendue, les problèmes d'affrontements entre les idéologies. À juste titre, Julien a choisi de faire porter sa réflexion critique et poétique sur les notions d'hybridité, de « créolité » et de diaspora noire en général. Cette entreprise n'aurait pas été moins nécessaire si les contradictions avaient été moins vives dans les couches dominantes de la société. L'œuvre de Julien découle d'une investigation systématique, elle porte l'empreinte des antagonismes entre les sociétés et celle des inégalités, de l'exploitation dont l'être humain est victime[3].

Les trois œuvres présentées dans cette exposition, *Paradise Omeros*, *Baltimore* et *True North*, se distinguent par la fiction que chacune instaure à sa manière ; elles s'inscrivent dans des champs conceptuels distincts, mais soulèvent pourtant des questionnements similaires. Elles se rejoignent également par leurs temporalités, décrivant l'expérience des déplacements et l'aliénation vécue par la diaspora noire. Elles proposent une nouvelle approche de la métaphore. L'impression de temporalité se fonde ici sur la cohérence de l'univers construit par l'imagination, de sorte que les éléments de fiction et de mémoire historique semblent répondre à un autre univers possible, au regard d'un réel supposé. Mais il y a plus encore dans les films d'Isaac Julien : l'histoire, partie intégrante de la structure de certains d'entre eux, les définit comme un effet de réel. Ceci est dû en grande partie à l'image cinématographique, en particulier dans *True North*, qui oscille entre la représentation du réel et l'extrême évanescence des ombres et des ondes qui fascinent et retiennent notre attention. Il en est de même dans les rapports entre la fiction, le récit et le documentaire où l'apparence de naturel est fondamentale. Roland Barthes parle du paradoxe de tout récit dans son analyse structurale[4].

Faite de paysages troubles, d'apparitions floues pour ne pas dire fantomatiques, de tableaux atomisés par la lumière ou plongés dans l'obscurité, la photographie du film *True North* crée des sensations visuelles presque tactiles qui échappent à la mesure du temporel, ce qui octroie au film une nouvelle « radicalité ». Les photographies des scènes tournées en Islande s'apparentent au genre pictural ; elles sont proches, pour certaines, des œuvres peintes de Caspar David Friedrich[5]. Julien et Friedrich ont en commun une maîtrise de la synthèse, un goût pour la netteté et l'étude minutieuse des détails, pour l'expression du sublime, du mystérieux, de l'inconnu et de l'infini, toujours

Caspar David Friedrich (1774-1840)
Voyageur contemplant une mer de nuages, vers 1817
Huile sur toile
94,8 x 74,8 cm
Hamburger Kunsthalle, Hambourg, Allemagne

Moine au bord de la mer, 1809
110 x 171,5 cm
Nationalgalerie, Staatliche Museen zu Berlin,
Berlin, Allemagne
Photos : Bildarchiv Preussischer Kulturbesitz/
Art Resource, N. Y.

fondé sur le rapport homme-nature qui entraîne la solitude de l'individu dans la communion avec l'univers.

C'est Nietzsche qui nous rappelle que rien n'est plus terrible que l'infini et que chaque objet a plusieurs sens qui expriment les forces et le devenir des forces qui agissent en lui[6]. *True North* nous livre de saisissantes images chargées du poids de l'histoire, où le temps semble à jamais suspendu, où la réalité devient ondulatoire, et où glace, nuages, brouillard, reflets divers et multiples de l'eau deviennent des signes ambigus qui rendent manifeste l'indissociable unité du temps et de l'espace. L'artiste utilise la métaphore de l'eau, image de la transformation des éléments qui détermine le retour de toute chose. Ce mouvement cyclique correspond à la pensée nietzschéenne qui place la volonté de puissance comme principe d'un monde de fluctuations intenses relié à la dissolution du moi et à la perte de l'individualité. L'œuvre acquiert ainsi une valeur essentielle, une réalité imprévisible qui tire une bonne partie de la fascination qu'elle exerce des écrans multiples de grand format qui relancent sans cesse notre attention, la mystifient et la confondent.

Ce développement programmé d'images «fractionnées et librement distribuées sur trois écrans», qui s'imbriquent et qui sont réglées dans leur intrication à travers un certain nombre d'étapes et de détours nécessaires, nous est présenté dans la fluidité des enchaînements de l'espace filmique. Ces projections simultanées qui, en ordre séquentiel, dans un véritable concert d'images et de sons, ont le pouvoir d'attirer irrésistiblement le spectateur, ouvrent dans la mise en espace de l'installation un cheminement de l'inconscient par une correspondance entre les images qui se rejoignent. On pourrait penser à des croisements d'itinéraires possibles que l'artiste trace à sa guise par découpages au travers de passages ténus d'une image à l'autre. La qualité visuelle du dispositif scénique de cette projection multiple rappelle le merveilleux film *Baltimore*. Les images qui circulent librement sont parfois isolées, mais le rapport étroit entre elles recèle une force et une beauté éloquentes. Elles forment un immense triptyque qui leur donne un effet d'aura; l'interprétation qu'en fait le spectateur se nourrit du son ou de la musique qui les accompagnent. Et d'une œuvre à l'autre, le rapport de l'image au son, à la parole, n'est jamais traité de la même façon, mais s'harmonise, avec une justesse indéniable.

Dans *True North*, l'espace se combine avec les arrangements de l'image et du son pour devenir un lieu chargé de métaphores et marqué par la narration, le chant inuit, la musique de Paul Schutze, et laisse place à une série de mirages. Que nous raconte le détour par la bande-son? Que les segments musicaux sont brisés en coups d'éclat; qu'ils sont des articulations qui se jouent de la rupture pour créer une unité, celle de l'œuvre; que c'est finalement un même élan musical qui sait se rendre sensible et se déployer dans la profondeur secrète de l'image.

L'ampleur et le pouvoir englobant de *True North*

True North est le premier film d'une trilogie qui comporte des histoires d'expéditions présentées sur trois écrans. Cette œuvre tient compte de la plasticité du temps et va au-delà de l'expérience de l'histoire, du récit ou de la narration. Une série d'éléments est mise en forme dans une perspective singulière et morcelée, du voyage liant la solitude océanique à celle de l'homme lancé à la découverte de côtes lointaines, de l'Afrique à la

5 Cette comparaison avec l'œuvre de Friedrich est soulignée dans un texte inédit d'Isaac Julien écrit en 2004 sur le projet en cours de réalisation.

6 Voir Friedrich Nietzsche, *La Volonté de puissance*, texte établi par F. Wurzbach et traduit par G. Bianquis, Paris, Gallimard, 1935-1937, tome 2.

Laponie. On associe parfois le Nord à l'ordre et à la nature, tandis que le Sud incarne davantage le chaos et la démesure. *True North* est un film instinctif, par-delà les mythes dont les trames narratives tracent des esquisses de temporalité, comme une errance sur le temps. Le narrateur du film attire notre attention sur la méditation d'un être affrontant les dures conditions climatiques de l'extrême Nord :

> Être enterré dans la glace, geler en plein mouvement ou tomber d'inanition, tout cela fait partie du jeu. La mort peut venir de toutes parts dans cette solitude figée. Mais la gloire se cache au cœur de cet enfer de glace, et je n'aurai pas l'âme en paix avant qu'elle soit mienne[7].

Une expérience qui rejoint l'imaginaire et qui est reliée à des recherches visuelles au cours d'expéditions. Un espace paradoxal mêlant le film et la performance, en superposant et en imbriquant des images réunies sous une même thématique : l'exploration polaire. C'est de l'expédition de Matthew Henson[8] qu'il s'agit : le premier homme noir à avoir atteint le pôle Nord est replacé dans le temps présent de manière métaphorique. Le projet du deuxième film de la trilogie, *Fantôme Afrique*, concernera le voyage vers le Sud d'André Gide et de son compagnon, le réalisateur Marc Allegret, utilisant des images de leur film *Voyage au Congo* ainsi que d'autres films d'archives d'expéditions en Afrique. Et enfin, le troisième film, *Small Boats*, fera revivre la remontée vers l'Europe de ces milliers de voyageurs clandestins partis des côtes africaines, croyant trouver l'eldorado, et qui se sont échoués sur les plages d'Espagne.

On ne perçoit pas seulement, dans *True North*, des sentiments de précarité, d'inquiétude et de détresse, mais aussi une réflexion existentielle sur la valeur de la vie elle-même. La solitude, l'attente, la mort, le dépassement de l'être et sa grande force pourtant fragile, tout cela est perceptible à travers les mirages du Grand Nord comme dans la réalité de l'*Atlantique noir*[9], dans la blancheur des vastes étendues de neige et de glace ou dans la tourmente des eaux océaniques : allégorie grandiose et complexe de l'interaction entre les valeurs de différentes cultures, allant plus loin que la description des forces de l'être humain, de l'héroïsme et de la solidarité des explorateurs. Les mécanismes du récit, basés sur la fragmentation du temps, s'imprègnent et se nourrissent

---

7   « To be entombed in ice, to freeze as you walk, or to drop from starvation, is all in the game. Death can come from a hundred directions at once in that frozen waste. But there's a glory locked in the hearth of that icy hell, and my soul will never give me peace until it's mine. » [Notre traduction.] Cité par Isaac Julien dans l'œuvre *True North*. Extrait de Bradley Robinson, *Dark Companion: The Life Story of Matthew Henson*, publié en 1948.

8   L'explorateur noir Matthew Henson (1866-1955) faisait partie de l'équipe d'expédition dans l'Arctique canadien dirigée par Peary et fut le premier, avec quatre Inuits (Ootah, Ooqunah, Seeglo et Engingwah) à poser le pied au pôle Nord le 6 avril 1909. En 1988, dans l'édition du centenaire du *National Geographic*, l'amiral Robert Peary est toujours considéré comme le héros qui a découvert le pôle Nord. L'article omettait encore la participation de son compagnon noir Matthew Henson comme codécouvreur. Voir, à ce sujet, Lisa Bloom, *Gender on Ice, American Ideologies of Polar Expeditions*, Minneapolis, University of Minnesota Press, 1993, p. 14 et suivantes.

9   Paul Gilroy réunit sous l'appellation d'*Atlantique noir* l'ensemble des communautés éclatées de la diaspora noire. « L'histoire de l'*Atlantique noir* est riche d'enseignement au sujet de l'instabilité et de la mutabilité des identités. » Paul Gilroy, *L'Atlantique noir/Modernité et double conscience*, Cahors, éditions Kargo, 2003, p. 12.

de l'imaginaire. Car il ne s'agit pas de consigner des événements historiques dans un enchaînement de relations causales — la précision documentaire n'étant pas de mise — mais plutôt de leur donner un sens en les ouvrant sur le temps présent, sur une actualisation, où seul le désir de liberté semble faire irruption dans ces vastes paysages enneigés, rompant le lien fondamental d'appartenance et conduisant à l'émergence de la question du déplacement. Cette vue sur de grands espaces, comme une ouverture à un désir de connaissance, concourt à l'extension d'un temps non linéaire et à sa convergence avec la mémoire. L'artiste conjugue autrement la réunion d'événements survenus le long des côtes, aux confins de l'Atlantique. L'œuvre illustre bien les liens fragiles entre les cultures — noire, blanche et autochtone —, et le concept d'« ethno-tourisme » y est présent, dans une fluidité du temps narratif.

Plus que jamais la migration…

Tandis que les immigrés sont arrivés en Amérique de leur plein gré et munis d'une histoire et d'un passé, les Noirs, descendants d'esclaves africains, ont construit leur identité sur un tout autre registre. La situation d'oppression a engendré une lutte afin de trouver leur place dans la société. L'intérêt de Julien pour l'*Atlantique noir* et sa recherche de contrastes et de réciprocité dans la relation de l'œuvre au récit — et la liberté qu'il leur accorde — laissent penser que d'autres énoncés sont aussi possibles dans les films de la trilogie. Cet intérêt se manifeste dans la recherche d'une esthétique de la diaspora. La métaphore est utilisée pour comprendre ce qu'est cette diaspora dans son évolution et dans sa complexité. Paul Gilroy affirme que « sa préoccupation fondamentale — l'histoire de la diaspora africaine — nécessite un point de départ spécifique — l'Atlantique noir… » « Les expériences historiques particulières des populations de cette diaspora ont engendré un corps unique de réflexions sur la modernité et sur son malaise qui hante de manière persistante les luttes politiques et culturelles de leurs descendants d'aujourd'hui[10]. »

La musique et la littérature sont des points de vue privilégiés, car elles sont à la fois une représentation subjective et un reflet de l'imaginaire collectif. Elles possèdent un poids considérable dans la culture même. Le chant inuit, par exemple, témoigne du

10 Paul Gilroy, *op.cit.* n. 9, p. 72.

désir d'appartenance et contribue à cette quête, indissociable du savoir populaire, comme « l'expression intuitive d'une essence raciale ». La quintessence du rapport à l'Atlantique de la trilogie dont fait partie *True North* réside dans les notions critiques et dans les images poétiques sur le sens de la diaspora que l'on y trouve. Tandis que l'Arctique est associé à l'idée de vastitude, d'infini et de lointain qui invite à la découverte de l'altérité et de l'ailleurs, il existe une forme de convergence entre le Grand Nord, contrée des Inuits, et le Sud, en l'occurrence l'Afrique, le continent des origines de la diaspora noire, à l'instar d'une « double conscience » qui recèlerait la force d'une dualité fondamentale. Ces deux contrées sont en quelque sorte perdues dans le passé, et le recours à la métaphore pour mesurer toute la signification de ce fait permet de comprendre ce qui a été oublié ou rejeté. Pour se projeter dans le futur, il est donc nécessaire de se remémorer un passé mythique, à l'aide du chant et de la musique. Marguerite Yourcenar souligne combien les hymnes contiennent « de chaleur et de ferveur, foi, espérance, amour et désespoir mêlés, issus de toutes les infortunes et de toutes les énergies vitales d'un peuple[11] ».

Le trajet long et ardu vers le Nord de *True North* nous plonge dans un passé immémorial. Cette œuvre restitue l'importance du voyage dans une vaste entreprise d'exploration et de découverte. À la fois mythique et mental, le voyage permet paradoxalement de regarder vers le lointain dans une parfaite métaphore de l'ambiguïté photographique. Il devient également un instrument privilégié de la définition de soi en termes culturels. Le voyage dépasse ainsi le cadre restreint du motif poétique pour devenir un principe structurant du film et acquérir une valeur métaphysique. Lié au déplacement, il fait partie intégrante du déroulement de l'histoire, du développement de l'individu et de sa mémoire du passé.

À cette ancienne notion du monde connu, le terme plus flou d'espace inhabité pour désigner un territoire lointain apporte un changement d'échelle, une vision à la fois exaltante et sidérante de paysages sans frontières et unifiés, se rapportant au phénomène de la mondialisation. La poétique et l'imaginaire qui entourent *True North*, la symbolique que l'œuvre véhicule, relèvent du geste artistique tourné vers le plus grand des désirs humains : maîtriser l'incertitude. C'est en ce sens que Julien nous

[11] Marguerite Yourcenar, *Blues et Gospels*, Paris, Gallimard, 1984, p. 8.

dévoile un monde de différences, de fluctuations intenses où les identités se distinguent, se perdent et se confondent. À chaque fois qu'un être humain traverse un nouveau territoire, l'appropriation symbolique de ce monde jusque-là inconnu, cette territorialisation, devient porteuse de bien des fantasmes.

Cet ailleurs, irrémédiablement autre et étranger, traduit l'expérience de l'immatériel. Il est porteur et source d'utopie, un monde libéré de contraintes politico-sociales. Toute épopée a ses héros, et les explorateurs en furent de superbes. Mais de ces images d'explorateurs ou de voyageurs émane aussi l'idée de mutation, de chamanisme, de simulacre, et celle d'un être sans visage et sans couleur. Revisitée, l'histoire se poursuit, et ces explorateurs deviennent des icônes. Dans les territoires nordiques à la démesure humaine de l'œuvre *True North*, le héros est incarné par une femme noire, Vanessa Myrie. (Les explorateurs, en général dans l'histoire, sont des hommes.) Cette substitution du héros est une forme de catharsis qui aspire à lui rendre son historicité, à travers une nouvelle interprétation de son destin.

C'est dans le cadre d'un hôtel de glace au nord de la Suède que se déroulent les premières scènes énigmatiques de cette œuvre, tournées dans « une série de mouvements de caméra ». Le sentiment d'équivoque surgit au sein de cette actualisation. Les ruptures et les changements de paradigmes, rendus dans leur contemporanéité, ne font pas oublier l'histoire dont ils nous séparent, mais traversent l'histoire et deviennent de ce fait « transhistoriques ». Cela explique l'ambiguïté apparente de l'œuvre qui utilise la littérature et l'histoire dans un rapport direct avec la nature. Cette ambiguïté révèle l'ampleur et le pouvoir englobant de *True North* : le nomadisme que lui confère Isaac Julien est comparable à celui que Lisa Bloom aborde dans son livre *Gender on Ice*. Dans l'optique esquissée ici, un pas de plus est franchi dans la réflexion sur la notion de l'autre et sur le pouvoir pour élargir l'univers humain et inciter à l'idée d'une connaissance de l'homme et à la considération d'entités politiques et culturelles.

True North s'ouvre comme un espace mental et s'inscrit dans la continuité d'une histoire. Construite de façon elliptique, l'œuvre a la fluidité et la mouvance d'un mirage, voire d'un songe. Les métaphores s'y développent autour d'un noyau d'images d'où surgit une forme puissante, solitaire, égarée, qui s'enlace étrangement avec la beauté du paysage. L'œuvre n'explique pas, mais donne à voir, à partir d'une vision picturale éblouissante et mystérieuse, un être distinct. Sa quête troublante nous introduit dans une dimension non encore explorée.

Des lieux métaphoriques

Les lieux ont une influence profonde sur les êtres. Qu'on se rappelle l'*Odyssée* d'Homère et, par analogie, celle de l'Achille de *Paradise Omeros* qui projette son héros en Angleterre puis le ramène sur sa terre natale, dans les Antilles. Cette œuvre est inspirée du poème épique *Omeros* de Derek Walcott. L'enjeu est à la fois littéraire et ne l'est plus. Il est plutôt métaphorique au sens plastique du terme. Il y a plusieurs paliers d'écriture dans cette œuvre où la construction du film rejoue, à chaque niveau, l'état psychique d'un homme tenu à distance, comme s'il avait été chassé d'un éden. Cela rappelle l'histoire de toutes les vexations et spoliations que l'homme noir a subies au cours de l'histoire. L'ordre de la nature et l'ordre humain sont étroitement liés par un système d'échos. La mer est ainsi un reflet de toutes les incertitudes, de toutes les hésitations et de toutes les souffrances. L'océan remémore les injustices du passé. Y sont inscrits l'esclavage et le colonialisme qui créent des situations intolérables pour les Noirs de la diaspora. Et, comme nous le rappelle Marguerite Yourcenar : « Depuis des siècles, le destin noir semble lié à ces notions de traversées marines ou de remontées ou de descentes des fleuves, symbolisés eux-mêmes par la houle du chant[12]. » Inversement, la nature protectrice et bienfaisante des Antilles sert de havre de paix et favorise l'épanouissement de l'être.

Dans la composition de l'œuvre, l'île, lieu d'origine du protagoniste, revêt une fonction métaphysique qui, sous les apparences, permet d'atteindre l'être profond. Mais une autre île, l'Angleterre, devient un élément actif de ce processus, car elle sert de support à l'élaboration de mythes personnels, à la quête de nouvelles valeurs. Indissociable de l'île, la mer permet de renforcer le sentiment d'appartenance, la thématique de l'insularité. Le temps et l'espace basculent au moment où Achille quitte son île. Le voyage indique un chemin initiatique comme une introspection indispensable face aux réalités extérieures européennes. La topographie des lieux urbains semble n'obéir à aucune règle rationnelle lors des mésaventures tragiques d'Achille en Angleterre. Pour

---

12 Marguerite Yourcenar, *Blues et Gospels*, op. cit. n. préc., p. 8.

lui, sa vie là-bas est si difficile que le retour dans son île natale est une réponse à cette contradiction qui traverse plusieurs plans : le mythique, le politique, le social et l'historique. L'Angleterre n'est donc pas figée dans le présent d'Achille et n'est pas éloignée de l'utopie[13], mais elle s'efface devant la primauté d'un imaginaire marqué du désir du retour au pays idéalisé. Les Antilles apparaissent comme le point de départ mythique d'une vision du monde. Le mythe met en lumière le désir de liberté, une nostalgie essentielle de l'être. Comme Icare, Achille ne s'est pas contenté de rêver. Tous les récits sont des quêtes et Roland Barthes précise que le mythe est un discours ordonné par l'histoire[14]. Isaac Julien pose un regard dérangeant sur ce parcours relié à la thématique de l'exil en tant que condition identitaire. Il existe comme un étalement du temps, un état propre à vivre l'expérience de cette odyssée. Cette fiction nous parle de colonialisme, d'un sentiment collectif de déracinement, mais aussi d'un parcours éminemment personnel et de la recherche d'une identité noire rêvée[15].

Nourries d'une forme de narrativité, allusives, les œuvres de Julien semblent toujours vouloir dépasser les limites de l'espace physique, que ce soit la matérialité du paysage ou celle de la ville. Il s'en dégage une sensibilité propice à la pensée sur la situation complexe de la diaspora noire. L'esthétique particulière de *Baltimore* utilise le récit, l'art cinématographique relatif aux films de « blaxploitation » des années 1970, l'histoire de l'art et le contexte des musées comme points de vue sur certains aspects de la culture populaire noire dans la ville américaine de Baltimore, culture résolument inscrite dans la problématique politique et raciale. Cette ville est ici utilisée comme un emblème de la protestation sociale noire américaine. Aliénation, assimilation et hybridation deviennent la toile de fond des éléments du film : le musée de cire populaire montrant de grands personnages noirs et le musée d'art classique associé aux Blancs se situent dans un rapport de références culturelles.

L'espace mystérieux aux décors fortement architecturés, où les acteurs se déplacent, est déterminé par la nécessité d'une forme plastique qui tend à accentuer tout effet perspectif. « On la voit cette cité-là, blanche et silencieuse, dépeinte par Piero della Francesca (1420 ? – 1492) et repeinte, en quelque sorte, par le point de vue d'Isaac Julien. Il en reprend exactement la même perspective, mais divisée sur les trois écrans — cette

[13] Le mot « utopie », inconnu du grec, a été créé par Thomas More et signifie « pays de nulle part », un lieu qui n'est dans aucun lieu. *Encyclopædia Universalis*, Paris, 1990, Corpus 23, p. 264.

[14] Roland Barthes, *Mythologies*, Paris, Seuil, 1957, p. 194.

[15] C'est l'écrivain noir américain Charles Johnson qui déclare que l'identité noire rêvée serait la plus grande des fictions.

perspective qui organise l'espace social et le cinéma — et que l'installation d'art contemporain rend désormais visible[16]. » Cette picturalité qui envahit judicieusement l'écran renvoie également au tableau d'un artiste inconnu de la Renaissance, *Vue d'une cité idéale* (au Musée Walters), et vise à la traduction sensible d'une certaine ambiguïté.

Les images de Baltimore tournées dans des musées — à l'instar des films *The Attendant*, 1993, *Trussed*, 1996, et *Three/The Conservator's Dream*, 1996-1999 — cherchent à décrire une interaction engageant des personnages réels ou fictifs et guidée par la conviction que le regard des acteurs que nous captons sur les trois écrans révèle les contours d'un monde précis. Nous ne sommes pas indifférents au fait que le dispositif soit associé à l'art et à son histoire, que le Musée représente. Symboliquement, cela équivaut à dire que la représentation filmique suppose non seulement le regard du spectateur, mais également un sujet qui la regarde et à l'œil duquel est assignée une place privilégiée.

Le regard est aussi un complément nécessaire au jeu du personnage énigmatique interprété par Melvin Van Peebles[17] et à celui de la jeune femme noire qu'il semble poursuivre, tous deux déambulant dans les différents musées, comme en un mouvement d'entrée en scène théâtral ou mimant un possible retour au cinéma des années 1970 : un regard qui s'ajoute aux autres regards qui constituent et habitent le film. Ces regards sont des jeux de miroirs entre les figures de cire et les acteurs qui sont eux-mêmes des clichés de cinéma. Ainsi Julien utilise-t-il différents codes de représentation dont il éprouve l'efficacité sur le spectateur, amenant à un niveau de lisibilité indéniable le discours sur les mythologies noires américaines que véhicule son œuvre. Si cette dimension nous apparaît clairement, rien ne vient pour autant en fixer toutes les modalités de lecture, laissant ouvert ce champ de narration, parsemé d'indices. Nous sommes ainsi confrontés, dans le musée, à une réalité et à une fiction qui exhument et mettent en lumière la filiation qui relie le cinéma à l'art de la peinture. On s'y déplace dans une perspective de siècles de peinture pour y voir le fil d'une continuité de la création, et le mouvement de la pensée s'écrire en temps réel.

Considérant ce champ de travail comme les prémisses de son langage cinématographique, l'artiste décline une œuvre complexe où la combinaison des disciplines devient le prétexte à la réflexion théorique. Ainsi nourrie, l'œuvre nous révèle un univers

---

16 Élisabeth Lebovici, « Les Trinités d'Isaac Julien » dans *Libération*, n° 6875, « Culture », samedi 21 juin 2003, p. 25.

17 Melvin Van Peebles, acteur et réalisateur, est réputé comme le maître des films de « blaxploitation » des années 1970. Il réalise en 1971 le fameux film *Sweet Sweetback's BaadAsssss Song*. À l'instar de toute une génération d'artistes qui émergent vers la fin des années 1980, Julien a su tirer profit des travaux filmiques de ses prédécesseurs. En se référant aux films de « blaxploitation » et en développant cette dimension dans le film *Baltimore*, il suggère une nouvelle modalité de lecture qu'il décline à partir de son propre langage cinématographique. *Baltimore* est considéré par l'artiste comme un film en hommage à Melvin Van Peebles.

Vue d'une cité idéale, vers 1490-1500
Artiste italien inconnu
Huile sur panneau
80 x 219 cm
The Walters Art Gallery, Baltimore

axé sur la différence. De l'une à l'autre des images de *Baltimore*, le contexte diffère; les êtres évoluent dans leur rapport au tissu urbain, de la rue aux édifices typiques de la ville et à l'espace des musées, avec une pointe de rappel historique. Toutes ces images forment le spectacle d'une métaphore en-deçà du visible, dans les vibrations de l'image et du son. Elles nous plongent littéralement dans l'univers de cette diaspora noire pour que nous y jetions un regard différent.

En multipliant les connexions entre image, son et dispositif technique, l'artiste nous oblige à reconsidérer les fonctions de l'œuvre et à suivre une pensée mobile évoluant dans le domaine de la métaphore, qui ne saurait se contenter de la force active de l'imaginaire, mais fait jouer également un rôle à l'histoire et au récit, porteurs d'une poétique et synonymes de questionnement critique. Dans un va-et-vient entre le monde du réel et celui de la fiction, Julien donne à son art une dimension métaphorique, allusive, qui trouve son origine dans l'intérêt qu'il porte au cinéma, à la littérature, à l'histoire, aux arts, à la philosophie et à l'actualité, et qui bouscule les conventions. À travers ses œuvres, il aborde les questions qui façonnent notre société contemporaine en mettant à jour les dynamiques profondes qui gouvernent nos structures de communication sociale. Les œuvres de Julien ont en commun d'instaurer un rapport au temps et par conséquent à l'histoire, laissant à chacun d'entre nous le soin d'en préciser la direction. Elles apportent aussi une réponse poétique à toutes les apories dont le temps est devenu l'enjeu. Et ce rapport au temps serait proche à plusieurs égards de celui que nous décrit Marcel Proust dans son œuvre.

RÉ-ARTICULATIONS

Isaac Julien en entretien avec Shaheen Merali, Londres, mai 2004

Shaheen Merali Croyez-vous que le concept de « Black Atlantic », soit la création de liens entre différentes histoires transatlantiques, ait participé à l'éventuelle formation d'une identité transculturelle ? Cette spécificité transculturelle nous aide-t-elle à aller au-delà d'une logique opposant intérieur et extérieur, et à envisager une identité mondiale plus fluide ?

Isaac Julien J'ai commencé à introduire différents aspects du concept de l'Atlantique noir — du moins, la compréhension que j'en ai — il y a fort longtemps. En fait, je travaille avec ce concept depuis le début de ma pratique. *Looking for Langston* est sorti en 1989, presque en même temps que la publication de *The Black Atlantic* de Paul Gilroy. À peine trois années plus tard, on entendait déjà artistes et critiques culturels se servir de la notion de « transculture » — cette idée d'espace transatlantique, appelé à ce moment-là Atlantique noir dans la foulée du livre de Gilroy — pour examiner les concepts philosophiques développés par les Afro-Américains et leurs influences sur la pensée européenne et vice versa.

Très tôt, des discussions ont émergé sur la musique noire en tant que contre-modernité pour culminer lors d'une conférence tenue à la Dia Foundation à New York, en 1991. Cette conférence a créé un espace discursif qui nous a aidés à comprendre les pratiques sonores importantes dans la musique noire, de même que cette question de transculture. Mon long métrage *Young Soul Rebels* (1991) visait à saisir ce phénomène. Je tentais d'y établir une corrélation entre l'influence de la musique funk des années 1970 et celle de la culture noire britannique. Le film se penchait précisément sur quatre jeunes protagonistes et sur leurs relations avec la musique, telles qu'elles se cristallisaient dans leurs vies. Pendant assez longtemps, ce type de mise en place culturelle a contribué à une réflexion sur les complexités liées à la notion de différence en Grande-Bretagne, et je me vois comme étant engagé dans ce genre de pratique que je continue d'approfondir dans de récentes installations filmiques comme *Baltimore*.

L'intérêt de l'Atlantique noir, c'est la discussion sur l'espace, la modernité et la contre-modernité qu'il a engendrée. Cette question de «trans-emplacement» m'a donné l'idée d'un mouvement «en pourtour de l'Atlantique», mouvement continu qui en contamine d'autres et vice versa. Cet échange et ce dialogue existent depuis quelque temps déjà; ils n'évoluent toutefois plus de façon aussi intéressante qu'auparavant.

Dans le contexte de la pensée actuelle du gouvernement travailliste, la présence noire aux «avant-postes» a diminué. Gilroy développe ces idées dans *Between Camps*, son plus récent livre, controversé pour certains mais que je considère tout aussi brillant que *L'Atlantique noir*. L'engagement des Noirs et leur présence dans la politique et la culture visuelle du monde font l'objet d'une critique dans cet ouvrage. Et ce point de vue ne cesse de s'attirer la sympathie.

Il faut admettre l'existence d'une droite noire prenant la forme de ce qu'on appelle maintenant le néolibéralisme et empruntant un soi-disant langage démocratique. Il est toutefois difficile de dire comment cela se traduit dans les pratiques artistiques et visuelles actuelles.

S. M. Y a-t-il eu un moment dans votre pratique où vous avez eu à modifier votre position esthétique pour que d'autres personnes puissent avoir accès à votre espace? Comme le dit l'artiste philosophe américaine Adrian Piper, vous êtes-vous déjà senti «coincé» par le fait d'être toujours perçu comme étant l'Autre? Y a-t-il eu un moment dans votre carrière, à la fin des années 1980 et au début des années 1990, où la marginalisation vous a mis dans une position que vous ne souhaitiez pas occuper?

I. J.   Dans l'ensemble, je suis très fier de mes années de formation. J'ai eu la chance de côtoyer des critiques, des intellectuels et des artistes intéressants en Angleterre au milieu des années 1980. Ce fut une très bonne période qui me rend presque nostalgique. C'était en quelque sorte une longue conversation et je ne regrette rien de mon expérience d'artiste. Je peux imaginer ce qui est problématique pour une institution lorsque les événements sont décrits après s'être produits et qu'ils risquent d'être perçus comme étant l'histoire; par ailleurs, je vois les générations suivantes réagir à ce qu'elles perçoivent comme une certaine stagnation. Pour certains artistes, il a été important de nous dire : « Tu sais quoi ? Je suis un artiste et je ne veux pas être perçu comme étant un artiste noir. »

La vérité, c'est que j'ai toujours considéré les questions que j'aborde comme étant des sujets universels. On en a fait des sujets marginaux, liés à un discours personnel; on en a donné une lecture autre mais, en fait, ces sujets contiennent des superstructures. Et pour moi, cela a tout à voir avec l'intérêt du travail qui se doit de comporter un certain aspect « cultivé ». Si je compare des œuvres comme *Territories* (1984) et *Baltimore* (2003), que j'ai exposées ensemble en Corée, la dernière m'apparaît beaucoup plus politisée. Des moments différents produisent des réactions différentes en termes d'intervention, que ce soit à la télévision, au cinéma, dans une galerie ou un musée. D'un certain point de vue, l'espace est immatériel et extensible puisqu'il se moule à ce qu'on ré-articule en lui, aussi bien qu'à l'extérieur de lui et contre lui.

S. M.   Vous avez déjà parlé d'engagement, de stratégie et de pensée critique, et avez suggéré que différentes possibilités devaient être prises en compte, par exemple la notion de classe comme enjeu et la situation du courant « queer ». Mais les Noirs qui militaient pour une politique identitaire dans les années 1980 n'ont pas adopté votre opinion « queer » *et* noire. C'est une position que vous vous deviez de reconnaître.

I. J.   Oui, mais ces prises de position ont été popularisées, tout comme la culture « queer » a été réifiée. Où est donc le point de résistance ? Gilroy parle également de la manière dont le fait d'être Noir est utilisé par la culture d'entreprise, les stratégies publicitaires qui l'entourent, et son remaniement par le hip-hop, lequel n'est pas très intéressant par les temps qui courent. Toute nostalgie relative à la politique identitaire n'est qu'une diversion, ne serait-ce que pour un instant, puisqu'elle ne contient pas l'aspect critique qui a identifié un glissement.

S. M. En prenant en compte des différences…

I. J. Oui, mais on ne parle pas de sa pratique en termes de différence. Dans certaines de mes œuvres, comme *Paradise Omeros* (2002), il est évident qu'il y a une forte relation à l'Atlantique noir. Au début du film, Derek Walcott et Hansil Jules regardent l'océan Atlantique, puis on coupe à une séquence sur la Tamise à Londres, ce qui renvoie en quelque sorte au périple du navire *Empire Windrush*, à sa mythologie et à son iconographie. Pour moi, ce film effectue une cartographie de différents espaces.

The Darker Side of Black (1994) a été en quelque sorte une collaboration avec Paul Gilroy sur les aspects misanthropes de la culture populaire noire, le hip-hop et le reggae, et sur les raisons pour lesquelles les dissidents politiques ne font pas partie de son nouveau langage. Dans cette œuvre, on voyage littéralement en Jamaïque, à Londres et à Los Angeles, à Harlem et également à New York. Et dans *Frantz Fanon: Black Skin White Mask* (1996), c'est la Martinique, la Tunisie et Paris.

S. M. Et dans votre nouvelle œuvre, *True North* ?

I. J. Dans la nouvelle œuvre, c'est l'Amérique et l'Islande. C'est très différent : on passe de la cartographie à la question du trans-emplacement. Ici, j'explore un autre courant autour de l'Atlantique.

S. M. Pour quelqu'un qui vit en Grande-Bretagne, vous avez beaucoup parlé de culture américaine, surtout de la culture noire américaine et de certaines de ses figures clés.

I. J.   Oui, dans *BaadAsssss Cinema* (2002) et *Baltimore* par exemple, il y a une réflexion à ce sujet. Pourtant la protagoniste n'est pas afro-américaine; c'est une Noire britannique (Vanessa Myrie). Cette idée de considérer les choses en termes d'identité nationale ne m'attire pas tellement; je crois que le savoir et les nouvelles technologies ne procèdent pas ainsi. Si vous vous intéressez au cinéma et à la culture populaire noire, pourquoi ne pas penser plutôt au cinéma «blaxploitation». C'est une sorte de «bête noire» dans ma pratique…

Réfléchir au cinéma, aux questions raciales et à tout sujet du jour—je le fais en tant que personne noire britannique et, en ce sens, je l'articule différemment. Cette réflexion n'est pas perçue comme étant authentique, elle est contaminée. Je suis un hybride, je suis imparfait. Faire un film, c'est refléter une série de mouvements. Ma famille vit à New York, à Montréal, elle est dispersée en différents endroits. Donc, ma pratique esthétique n'est pas située à un endroit précis, certainement pas seulement en Grande-Bretagne; ce serait le signe d'un certain esprit de clocher. Sur le plan documentaire, ce n'est pas mis en marché et articulé de cette manière puisque ces sujets n'intéressent pas les médias.

S. M.   Pensez-vous que l'Atlantique noir est l'un des rares moyens qui nous permettent de remettre en cause l'innocence de la modernité?

I. J.   Il a confirmé beaucoup de choses : l'idée de modernité et de contre-modernité, l'idée de la terreur—même l'essai de Gilroy sur William Turner et ce tableau qui est au Musée des beaux-arts de Boston et non pas ici en Grande-Bretagne.

S. M.   On ne parle même pas de la terreur que contient cette marine : les bras des esclaves qu'on projette par-dessus bord.

I. J.   Il est intéressant que ce soit un tableau de Turner et qu'il ne concerne pas que le sublime, mais aussi l'Autre. On peut donc percevoir certains artistes traditionnels comme Turner de cette manière, et cette faculté perceptive est associée à une soi-disant forme d'art noir.

S. M.   Dans *Paradise Omeros*, il y a la figure du serveur qui plonge dans l'eau — la caméra le suit sous l'eau. Pour moi, cette image renvoie à l'histoire derrière le tableau de Turner, qui est celle de ce capitaine qui a projeté dans l'Atlantique 132 esclaves malades qu'il ne voulait plus transporter à bord. Elle évoque l'idée de centaines de corps jonchant le fond de la mer. Que dites-vous d'une telle lecture de votre travail ?

I. J.   Ce n'était pas nécessairement mon intention. Je réfléchis à ces choses d'un point de vue philosophique, et non pas nécessairement en termes visuels ou littéraux. Mon travail contient certainement des références et si les gens veulent les voir, ça me convient, mais je ne veux pas contrôler la critique. On regarde toujours mon travail en disant «ah oui, c'est de l'art noir». Certains éléments dans ma pratique sont liés à des questions précises de différence culturelle et raciale, de représentation, d'histoire et de mémoire. Ce sont des sujets importants, mais je ne me réinvente pas à ce point; je ne tiens pas à faire partie du statu quo à ce point. J'ai fait partie d'un cercle d'artistes et de critiques qui considéraient la race, cette idée d'épiderme, comme une fiction liée aux histoires, aux souvenirs, aux corps vivants et politiques. Mais cette manière de penser, si elle devient une sorte de pierre d'assise, peut être ennuyeuse, dans la mesure où l'on critique des œuvres de manière catégorique et hermétique. L'idée qui sous-tend *True North* (2004) est inattendue et n'est peut-être pas directement reliée à l'Atlantique noir en termes d'impulsion. L'œuvre est reliée à l'idée d'entreprendre une quête qui n'est pas prédestinée. Ce genre de film comporte lui-même une série de quêtes. D'une certaine manière, l'art a sa propre autonomie; il n'a pas à devenir la forme littérale de ce qui a été articulé dans un paradigme théorique. Il a ses propres chemins et ses propres idées.

Une version de cet entretien a été publiée dans *The Black Atlantic* en septembre 2004, pour The House of World Culture, Berlin.

S. M. De plusieurs manières, les mouvements, les moments et les constellations articulées dans l'Atlantique noir nous ont permis de réinventer l'espace. Dans *True North*, il y a des souvenirs qui doivent être ré-articulés aujourd'hui puisque certaines histoires ne sont pas racontées et que certaines tentatives ne font pas partie de l'histoire. Comment cet acte de remémoration peut-il également être un geste de réinvention en soi ?

I. J. Je m'intéresse aux questions de sublime et de représentation de l'Autre engendrées par ces idées. Le problème qui se pose, c'est qu'elles risquent d'être liées de façon littérale à l'idée de non-appartenance. Dans le cas de Matthew Henson, le fait qu'il aurait accompagné Robert Peary à titre de domestique lors de diverses expéditions au pôle Nord est très intéressant puisque, trente ans après la mort de Peary, il a dit avoir été en fait le premier à s'y être rendu — et plusieurs le croient. Mais, après avoir révélé cela à Peary, Henson a craint pour sa vie.

L'idée d'une façon hiérarchique de penser, c'est-à-dire que les idées et les théories appartiennent à un groupe de gens et les actions à un autre, est à l'œuvre dans cette pièce. Il y a également la difficile métaphore de la marche, symbolisant le voyage de la modernité qui doit être vécu par d'autres. Il existe de nouvelles théories sur l'espace et le temps qui sont fascinantes. Certains critiques pensent que la fluidité est l'espace de l'autonomie, qui serait en retrait d'une théorie généralisée. Certains de ces discours sont romancés. Bien sûr, le voyage peut être perçu comme une métaphore.

Mais je m'arrête ici puisqu'il n'est pas recommandé de trop parler de ses intentions. Je travaille depuis longtemps maintenant et je sais qu'il est bien de ne pas toujours savoir ce que l'on fait avec la matière, de sorte que la matière elle-même « s'organise » pour vous dire ce que vous devez faire.   Traduction de Colette Tougas

ŒUVRES

30–43 True North, 2004

44–55 Baltimore, 2003

56–71 Paradise Omeros, 2002

30–43 **TRUE NORTH** 2004

44–55 **BALTIMORE** 2003

56–71 **PARADISE OMEROS** 2002

TRUE NORTH

Among the Musée d'art contemporain de Montréal's activities, the co-production of an artwork represents an important choice. Until now, the Musée has followed artists of various disciplines and helped them in creating a work, without, however, becoming systematically involved in its production. When Christine Van Aasche of the Centre Georges Pompidou informed me that Isaac Julien was looking for institutions willing to invest in *True North*, not only the idea of a co-production tied to an acquisition, but also the desire to afford the artist the means of creating freely met with an immediate favourable reaction within our institution: the desire to acquire and exhibit the work represented a positive element in addition to the wish to provide the artist with the opportunity to create a work. The institution's commitment to this artist has been accompanied by exchanges indicating the development of the work in progress, for which the Musée is most grateful. Bearing a sense of history and endowed with a great dramatic force, the work of Isaac Julien is complex and fascinating in many respects.

The Musée d'art contemporain de Montréal is proud to be associated with *True North* as co-producer. Also involved in the creation of this work are the Centre Georges Pompidou, Paris, The House of World Culture, Berlin, Linda Pace, San Antonio, Texas, and Mr. and Mrs. Appels, Toronto. P.G.

If [history] can be bold, it has undefined possibilities for renewing itself, but in another direction. Paul Veyne[1]

MAKING HISTORY AN INSTRUMENT OF REFLEXIVE CONSCIOUSNESS

Paulette Gagnon

By pondering the fate of the Black diaspora, Isaac Julien investigates the role of memory in the construction of myth and identity. His work raises the question of identity in regard to the individual, societies and peoples. In a sense, memory measures itself against the past and, consequently, against history, whether to draw inspiration from them or to conjure them into the present. The past not only leaves an indelible impression on the course of the present but also ricochets off the "possible future." It in no way contradicts the substantiality of the fictional world emanating from it. From the perspective of Julien's work, memory is not the agent of a simple recollection, a mere resurgence, but a "re-memorizing" through a new understanding. Beyond the movement of the images, the movement of being and appearing is an integral feature of the artist's work.

In the way of the indigenous peoples of this world, Blacks have long been expressing their thoughts and deepest feelings in myths and legends, allegories, parables and stories, songs and dirges, poems and proverbs, creating an oral literature. Some traditional genres survive, while others continue to appear, expressing contemporary concerns as well as dealing with aspects of the past. Literature influences the various art forms, providing new structures for new works. Thus, the thinking of Frantz Fanon and Langston Hughes, two great figures in Black literature, inspired the construction of two of Julien's works: *Frantz Fanon: Black Skin White Mask*, 1996, and *Looking for Langston*, 1989.

One of Julien's goals is to explore the complexities of representation by disintegrating the barriers that separate art disciplines—film, music, drama, literature, dance, the visual arts. This strategy lets the artist redefine the boundaries of his field of activity to a certain extent. Overlapping mediums, his work ushers in a reality that makes possible new territory for art. While *Three (The Conservator's Dream)*, 1996-1999, an exploration of desire, derives the elements of a highly intense visual narrative from his observations of modern dance, *The Long Road to Mazatlan*, 1999, created in collaboration with dancer-choreographer Javier de Frutos, deals with the "fusion of film and movement, a dance of the gaze." This three-screen installation depicts a homosexual interaction, using cinematic references and American cowboy iconography. If the films *Paradise Omeros*, 2002, and *True North*, 2004, rely on literature and history respectively to promote complex ideas that can be sensed in the themes they deal with, *Baltimore*, 2003, reactualizes the "blaxploitation" movies of the 1970s, through the interest the artist shows in the culture of Black American movies and "BaadAsssss" movies,[2] in an intricate chain of references to history, painting, art film, the idea of politics and things sociological.

In surveying Julien's conceptually powerful videographic oeuvre, one is struck by how it tends to produce an overall vision of social realities and policies related to the Black diaspora and of the relationships of force that define them. Beginning from the repeated questioning of the dialectic concerning the Black world, in them Julien engages in a reflection upon its status, its political and social capacity, and its critical function affecting memory and knowledge. The result is an investigation linked to identity, which is a defining element of his oeuvre.

And Since Everything Flows Out of History...

From archival documents and history, the artist draws events that he extends in time, as if everything were history and paradox lay in what we extract from it: it is by studying history that we may take enough distance to raise the problems of confrontation between ideologies to their full extent. Julien has rightly chosen to turn his critical and poetic thoughts to the notions of hybridity, "Creoleness," and the Black diaspora in general. This undertaking would have been no less necessary even if the contradictions in society's dominant strata were less vivid. Julien's work arises from a systematic investigation; it bears the impress of antagonisms between societies and of the inequitable exploitation human beings are the victims of.[3]

The three works in the exhibition—*Paradise Omeros*, *Baltimore* and *True North*—are distinguished by the fiction that each in its own way institutes; and although they fall within different conceptual fields, they nonetheless raise similar questions. They are also similar in their temporality, describing the displacement and alienation experienced by the Black diaspora. They propose a new approach to metaphor. Here, the impression of temporality is based on the cohesion of the universe constructed by the imagination, so that the elements of fiction and historical memory seem to respond to another possible universe, to the gaze of an assumed reality. But there is more than this in Julien's films: history, integral to the structure of some, defines them as a product of reality. This is largely due to the cinematic image, particularly in *True North*, which vacillates between the representation of reality and the extreme evanescence of the shadows and waves that fascinate us. The same is true of the relationships between fiction, narrative and documentary, where a natural appearance is fundamental. Roland Barthes speaks of the paradox of all narrative in his structural analysis.[4]

Composed of undefined landscapes, blurred if not ghostly apparitions and tableaux shattered in the light or shrouded in darkness, the photography of *True North* creates visual sensations that are almost tactile, that evade the measure of temporality, bestowing a new "radicalness" upon the film. The photographic style of the Icelandic scenes resembles the pictorial genre; some are close to the paintings of Caspar David Friedrich.[5] Julien and Friedrich have in common a mastery of synthesis, a thirst for clarity and minutely studied detail, for the expression of the sublime, the mysterious, the unknown and the infinite, all based on the relationship of Man to Nature, which brings up the loneliness of the individual communing with the universe.

Nietzsche reminds us that there is nothing more fearsome than infinity and that every object has multiple meanings that express the forces and the becoming of the forces active within it.[6] *True North* provides striking images charged with the weight of history, where time seems forever suspended, reality undulates, and ice, clouds, fog and varied reflections on water become ambiguous signs that make manifest the indivisibility of time and space. The artist uses the metaphor of water, an image of the transformation of the elements that determines the return of all things. This cyclical movement corresponds to Nietzschean thought, which posits the will to power as a governing principle in an intensely fluctuating world linked to the dissolution of the self and the loss of individuality. The work thus takes on an essential value, an unpredictable reality that derives a large part of the fascination it exerts from the multiple large-format screens ceaselessly stimulating our attention, mystifying and confounding it.

This programmed succession, across three contiguous screens, of "fragmented and freely distributed" images whose interconnection is regulated through a number of stages and necessary detours, is presented in the sequential flow of cinematic space. Unreeling in a concert of sound and image, these simultaneous projections, which attract the viewer irresistibly, initiate an unconscious progression in the installation's disposition by way of encounters between coinciding images. It is as if the artist has opened a number of possible intersecting pathways through the tenuous boundaries that separate one image from the next. The visual quality of the scenic artifice of this multiple projection recalls the marvellous film *Baltimore*. The freely circulating images are sometimes isolated, but the close connection between them harbours a telling force and beauty. They form an immense triptych that gives them an aura effect; the viewer's interpretation is fuelled by the accompanying sound and music, and from one work to the next, the relationship of images to sounds and words is never treated the same way but matched with unmistakable aptness.

In *True North*, space combines with the arrangements of image and sound, becoming a metaphor-laden place defined by narration, Inuit chant and the music of Paul Schutze, and leaves room for a series of mirages. What do we learn from our detour through the soundtrack? That the splintered musical segments are statements that play upon rupture to create unity; that it is ultimately a single musical momentum that can be made perceptible and be unfurled in the image's secret depth.

The Breadth and All-Encompassing Power of *True North*

True North is the first film in a trilogy of histories of expeditions, presented on three screens. It takes into consideration the plasticity of time and goes beyond the experience of history and narration. A series of components is given form in a singular split vista of the voyage linking oceanic solitude to Man's solitude, a voyage undertaken in search of distant shores, from Africa to Lapland. The North is sometimes associated with order and nature, while the South embodies chaos and disproportion. *True North* is an instinctive film, beyond the myths whose narrative framework sketches out a temporality, a wandering as it were in time. The narrator evokes the meditation of a being confronting the harsh climate of the Far North:

To be entombed in ice, to freeze as you walk, or to drop from starvation, is all in the game. Death can come from a hundred directions at once in that frozen waste. But there's a glory locked in the heart of that icy hell, and my soul will never give me peace until it's mine.[7]

A real experience that encounters the imaginary and is related to visual research during an expedition. A paradoxical space mingling film and performance, superimposing and interlocking images under the heading of polar exploration—the expedition of Matthew Henson, the first Black to reach the North Pole is brought metaphorically into the present.[8] The projected second instalment of the trilogy, *Fantôme Afrique*, concerns the voyage south of André Gide and his companion, filmmaker Marc Allegret, and will incorporate images from their film *Voyage au Congo* as well as other archival footage of African expeditions. The third, *Small Boats*, will re-create the Europe-ward journey of thousands of clandestine travellers who left the shores of Africa thinking they were bound for Eldorado, only to wash up on the beaches of Spain.

True North conveys not only feelings of precariousness, uneasiness and distress, but also an existential reflection on the value of life itself. Solitude, waiting, death, the exceeding of a being's great but fragile strength—all this is perceptible in both the mirages of the Far North and the reality of the Black Atlantic,[9] in the whiteness of vast stretches of snow and ice and the turmoil of the ocean's waters: a grand and complex allegory of the interaction between the values of different cultures, going beyond the description of human beings' strength and explorers' heroic solidarity.

The imagination suffuses and fuels the narrative mechanism, which is based on the fragmentation of time. Historical events are not confined to a succession of causal relationships—documentary precision is not the goal—but given meaning by being opened onto the present, an actualization where the only thing that seems to burst forth into these vast snowscapes is the desire for freedom, severing the fundamental connection of belonging and leading to the question of displacement. This vista of vast spaces, like an awakening to a desire for knowledge, works in favour of the extension of non-linear time and its convergence with memory. In another way, the artist combines events that occurred along both shores, the fringes of the Atlantic. The work is a fine illustration of the fragile links between Black, White and Native cultures; and the concept of "ethno-tourism" crops up in the fluidity of the narrative time.

More Than Ever Migration
While immigrants who arrived in America of their own volition were armed with a history and a past, Blacks, the descendants of African slaves, constructed their identity in a completely different register. Oppression engendered their struggle to find a place in society. Julien's interest in the Black Atlantic and his search for contrasts and reciprocity in the work's relationship to narrative—and the freedom he allows them—lead one to think that other utterances are also possible in the trilogy. This interest shows itself in the search for an aesthetic of the diaspora. Metaphor is used to explain what this diaspora is in all its evolving complexity. Paul Gilroy states that his "fundamental concern with the history of the African diaspora necessitates the specific starting point—the black Atlantic.... The distinctive historical experiences of this diaspora's populations have created a unique body of reflections on modernity and its discontents which is an enduring presence in the cultural and political struggles of their descendants today."[10]

Music and literature offer privileged viewpoints, for they are at once a subjective representation and a reflection of the collective imagination. They have considerable weight in culture itself. Inuit chant, for example, attests to the desire for belonging and contributes to this quest, inseparable from folk knowledge, as "the intuitive expression of a racial essence." The quintessence of the relationship to the Atlantic of the trilogy that *True North* is part of lies in the critical notions and poetical images of the meaning of the diaspora it contains. While the Arctic is associated with an idea of immensity, infinity and distance that is an invitation to discover Otherness and Elsewhere, there exists a form of convergence between the Far North, the land of the Inuit, and the South, in this instance Africa, the continent where the Black diaspora originated, a sort of "double consciousness" that would harbour the strength of a fundamental duality. In a way, these two lands are lost in the past, and recourse to metaphor in order to measure the full significance of this fact allows one to understand what has been forgotten or rejected. In order to project oneself into the future, it is thus necessary to recall, to "re-memorize," a mythical past through songs and music. Marguerite Yourcenar emphasizes how full of "warmth and fervour, faith, hope, love and despair, all mixed together" are the hymns "growing out of all the misfortunes and all the vital energy of a people."[11]

True North's long and arduous path Northward plunges us into an immemorial past. This work restores the importance of the journey in a vast enterprise of exploration and discovery. At once mythical and mental, travelling paradoxically enables one to peer into the distance in a perfect metaphor of photographic ambiguity. It likewise becomes a preferred instrument for the cultural definition of self. The journey thus goes beyond the restricted framework of poetic motif to become a structural principle of the film and take on a metaphysical value. Linked to movement, it is an integral part of the unfurling of history, the development of the individual and his memory of the past.

The vaguer term of uninhabited space to designate a distant territory brings a change of scale to the old notion of the known world, a thrilling and staggering vision of boundless uniform landscapes, relating to globalization. The poetics and imagination surrounding *True North*, the symbolism the work conveys, derive from directing the artistic act toward the greatest of human desires: to master uncertainty. It is in this sense that Julien unveils a world of differences, intense fluctuations, where identities are distinguished, then lost and melded together. Every time a human being traverses new territory, this symbolic appropriation of a previously unknown world, this territorialization becomes the vehicle of many fantasies.

This irrevocably Other and foreign Elsewhere conveys the experience of immateriality. It is the bearer and source of utopia, a world free of political and social constraints. Every epoch has its heroes, of which explorers are a prime example. But from these images of explorers and travellers also emanates the idea of mutation, shamanism, simulacrum, the idea of a faceless, colourless being. History revisited continues, and these explorers become icons. In the northern regions beyond human proportions in *True North*, the hero is portrayed by a Black woman, Vanessa Myrie. (Throughout history, explorers have generally been men.) This gender substitution is a form of catharsis that seeks to restore the hero's historicity through a reinterpretation of his destiny.

Filmed in "a series of camera movements," the enigmatic first scenes take place in an ice hotel in northern Sweden. An equivocal feeling arises within this actualization. Ruptures and paradigm changes, rendered in their contemporaneousness, do not make one forget the history from which they separate us, but pass through history, thereby becoming "transhistorical." This explains the apparent ambiguity of the work, which uses literature and history in direct relation to nature. This ambiguity reveals the breadth and encompassing power of *True North*: the nomadism that Isaac Julien confers upon it is comparable to that addressed by Lisa Bloom in her book *Gender on Ice*. In the viewpoint outlined here, a further step is taken in the reflection on the notion of the Other and power, so as to broaden the human universe and encourage the idea of a knowledge of Man and the consideration of political and cultural entities.

True North opens like a mental space and falls within the continuity of a story. Constructed elliptically, the work is fluid and moving, like a mirage, a dream. Metaphors develop around a core of images from which a powerful figure, solitary and lost, stands out, strangely entwined in the beauty of the landscape. The work does not explain, but shows, a distinct being by means of a dazzling, mysterious pictorial vision. Her troubling quest leads us into an as yet unexplored dimension.

Metaphorical Places

Places affect human beings profoundly. Just think of Homer's *Odyssey* and, by analogy, Achille's odyssey in *Paradise Omeros*, which propels its hero to England then brings him back to his native land in the West Indies. This work is inspired by Derek Walcott's epic poem *Omeros*. What comes into play is both literary and no longer literary. Rather, it is metaphorical in the plastic sense of the term. There are various depths of writing in this work, where the construction of the film replays, on every level, the psychic state of a man kept at a distance, as if he had been expelled from some Eden. This recalls the vexation and spoliation Blacks have undergone throughout history. Nature's order and human order are tightly linked in a system of echoes. The sea is a reflection of all uncertainty, hesitation and suffering. The ocean recalls the injustices of the past. In it are inscribed the slavery and colonialism that created intolerable situations for the Blacks of the diaspora. And, as Marguerite Yourcenar reminds us, "for centuries, Black destiny seems tied to the notion of sea crossings and the rise and fall of the rivers, themselves symbolized by the swell of song."[12] Conversely, the West Indies' protecting and benevolent nature serves as a haven of peace and fosters the being's fulfilment.

In the composition of the work, the island, the protagonist's birthplace, assumes a metaphysical function that, beneath appearances, leads to the innermost being. But another island, England, becomes an active ingredient in this process, for it serves as a background for the creation of personal myths, the quest for new values. Inseparable from the island, the sea reinforces one's feeling of belonging, the theme of insularity. Time and space topple when Achille leaves his island. The journey sets out along a path of initiation, a kind of indispensable introspection in the face of outward European realities. The urban topography seems to follow no logic during Achille's tragic misadventures in England. His life there is so difficult that the return to his native island is a response to this contradiction that traverses several levels: mythical, political, social and historical. England is thus not fixed in Achille's present and is not far from utopia,[13] but it disappears before the primacy of an imagination marked by the desire to return to an idealized country. The Caribbean appears as the mythical starting point for a world vision. Myth sheds light on the desire for freedom, an essential human nostalgia. Like Icarus, Achille is not content to dream. All narratives are quests, and as Roland Barthes tells us, myth is a discourse ordered by history.[14] Isaac Julien casts a disturbing gaze upon this trajectory tied to the theme of exile as a condition of identity. It exists as a sort of spreading out of time, a state proper to living out the experience of this odyssey. This fiction speaks of colonialism, of a collective feeling of being uprooted, but also of an eminently personal journey and the search for an idealized Black identity.[15]

Fuelled by a kind of narrativity, Julien's allusive works always seem to wish to exceed the limits of physical space, whether the materiality of the countryside or the city. Out of them flows a sensitivity that fosters thoughts about the complex situation of the Black diaspora. The particular aesthetic of *Baltimore* uses narrative, 1970s blaxploitation movies, art history and the museum setting as vantage points on various aspects of popular Black culture in the American city of Baltimore, a culture that falls squarely within the problem of politics and race. This city serves as an emblem of Black American social protest. Alienation, assimilation and hybridization form the backdrop of the film's setting: a popular wax museum of noted Black personalities and a classical art museum, the realm of Whites, are located in a relationship of cultural references.

The mysterious space with highly architectural decors in which the actors move is determined by the need for a visual form that tends to accentuate any perspective effect. "We see it, that silent white city, painted by Piero della Francesca (1420?-1492) and repainted, so to speak, from Isaac Julien's point of view. He takes up exactly the same perspective, but divides it on three screens—'this perspective that organizes social space and the cinema'—and that the contemporary art installation has made visible."[16] The pictorialism that judiciously fills the screen also refers to a painting by an unknown Renaissance artist, *View of an Ideal City* (The Walters Museum), and aims to create a certain perceptual ambiguity. The images filmed in Baltimore museums—like the films *The Attendant*, 1993, *Trussed*, 1996, and *Three (The Conservator's Dream)*, 1996-1999—seek to describe an interaction of real and fictional characters guided by the conviction that the actors' gaze we see on the three screens reveals the contours of a precise world. We cannot fail to be aware that the artifice is associated with art and art history, represented by the museum. Symbolically, that is tantamount to saying that the filmed representation presupposes not only the spectator's gaze but also a subject looking at the filmed representation, a subject whose eye is assigned a privileged place.

The gaze is also a necessary attribute of the enigmatical character played by Melvin Van Peebles[17] and the young Black woman he seems to be following, both walking through different museums, as if making an entrance onstage or mimicking a possible return of the movies of the 1970s: a gaze in addition to the other gazes that make up and inhabit the film. These gazes are a mirror interplay between wax effigies and the actors, themselves cinematic images. Julien uses different codes of representation, testing their effect on the viewer, bringing the discourse on Black American mythologies conveyed by his work to a level of undeniable legibility. If this dimension seems clear, still nothing entirely fixes all the modalities of reading, and the narrative field, littered with clues, lies open. We are thus confronted, in the museum, with a reality and a fiction that unearth and bring to light the affiliation between cinema and painting. Circulating in this vista onto centuries of painting, we can observe the continuous thread of creation and the movement of thought being written in real time.

Taking this field of endeavour as the premise of his cinematic language, the artist fashions a complex work where the combination of disciplines provides the occasion for theoretical reflection. Thus driven, the work reveals a world geared to difference. From one image of *Baltimore* to the next, the context differs; the people shift in their relationship to the urban fabric, from the street to typical city buildings and the space of the museums, with a point of historical recall. All these images form the spectacle of a metaphor beyond the visible, in the vibrations of image and sound. They plunge us literally into the world of the Black diaspora so that we look at it with a different eye.

By multiplying the connections between image, sound and technical device, the artist obliges us to reconsider the work's functions and follow, through the realm of metaphor, a mobile way of thinking that could not be satisfied with the active force of the imagination but makes history and narrative too play a role, as bearers of poetry and the equivalent of critical questioning. Moving back and forth between the real world and fiction, Julien gives his art a metaphorical, allusive dimension that originates with his interest in cinema, literature, history, the arts, philosophy, current affairs, and overturns convention.

Through these works, he addresses the issues that shape contemporary society by bringing to light the profound dynamics that govern the structures of social communication. A common feature of Julien's works is that they establish a connection with time and, consequently, history, leaving it up to each of us to specify its direction. They provide a poetic response to all the aporias of which time has become the issue. And in various respects, this relationship to time approaches what Marcel Proust describes. Translated by Donald Pistolesi

1   Paul Veyne, *Comment on écrit l'histoire, suivi de Foucault révolutionne l'histoire* (Paris: Seuil, 1979), pp. 9-10. Quoted in English from *Writing History: Essay on Epistemology*, trans. Mina Moore-Rinvolucri (Middletown, Connecticut: Wesleyan University Press, 1984), p. x.

2   "Blaxploitation" belongs to a controversial period in American cinema. "BaadAsssss" movies recount these fascinating moments and shed light on blaxploitation films, where the new heroes are all played by Blacks. These movies were a reaction to social inequality and the victim role American movies cast Blacks in.

3   According to the artist, "a language often discussed but rarely heard through the use of digital technology."

4   Roland Barthes, « Introduction à l'analyse structurale des récits », in *Poétique du récit* (Paris: Seuil, 1977), pp. 7-103.

5   The comparison with Caspar David Friedrich's work is emphasized in an unpublished text by Isaac Julien, written in 2004, about the project he is in the process of executing.

6   See Friedrich Nietzsche, *The Will to Power*, ed. Walter Kaufmann, trans. Walter Kaufmann and R. J. Hollingdale (New York: Vintage, 1967), Book 2.

7   Bradley Robinson, *Dark Companion: The Life Story of Matthew Henson*, 1948. Quoted by Isaac Julien in *True North*.

8   The Black explorer Matthew Henson (1866-1955) was part of the expedition to the Canadian Arctic led by Admiral Robert Peary and on April 6, 1909, along with four Inuit (Ootah, Ooqunah, Seeglo and Engingwah), was the first to set foot on the North Pole. In 1988, the centennial issue of *National Geographic* still considered Peary the hero who had discovered the North Pole and omitted any mention of his Black companion Henson as co-discoverer. See further Lisa Bloom, *Gender on Ice: American Ideologies of Polar Expeditions* (Minneapolis: University of Minnesota Press, 1993), pp. 14ff.

9   Gilroy groups all the fragmented and scattered communities of the Black diaspora under the designation Black Atlantic: "The history of the black Atlantic yields a course of lessons as to the instability and mutability of identities." Paul Gilroy, *The Black Atlantic: Modernity and Double Consciousness* (Cambridge, Massachusetts: Harvard University Press, 1993), p. xi.

10   Ibid., p. 45.

11   Translated from Marguerite Yourcenar, *Blues et Gospels* (Paris: Gallimard, 1984), p. 8.

12   Ibid.

13   The word *utopia* was coined by Thomas More from Greek roots meaning "noplace," that is, a place that is not in any place.

14   Roland Barthes, *Mythologies* (Paris: Seuil, 1957), p. 194.

15   It is the Black American writer Charles Johnson who said that idealized Black identity would be the most palpable of fictions.

16   Translated from Élisabeth Lebovici, "Les Trinités d'Isaac Julien," *Libération* 6875, "Culture" section, Saturday, June 21, 2003, p. 25.

17   Director and actor Melvin Van Peebles is the acknowledged master of 1970s blaxploitation movies. He directed the well-known *Sweet Sweetback's BaadAsssss Song* in 1971. Like an entire generation of artists who emerged in the late 1980s, Julien used the work of his predecessors to advantage. By referring to blaxploitation and developing this dimension in *Baltimore*, he is suggesting a new mode of reading, which he presents in his own cinematic language. The artist considers *Baltimore* a tribute to Van Peebles.

RE-ARTICULATIONS

Isaac Julien in conversation with Shaheen Merali, London, May 2004

Shaheen Merali Do you believe that the Black Atlantic concept of linking diverse transatlantic histories has helped format what has become a transcultural identity? Does this transcultural specificity help us to understand beyond the logic of "inside-outside" and also help us to understand a much more fluid global identity?

Isaac Julien In my own work, a lot of these aspects of what I understand to be the concept of the Black Atlantic have been introduced over a long period of time. In fact, I have been working with this concept throughout my practice. *Looking for Langston* came out in 1989 at a similar time to Paul Gilroy's publication *The Black Atlantic*. Just three years later, there was a conversation already heard amongst artists and cultural critics around the notion of transculturation—the idea of a transatlantic space, which was at that particular moment defined as a Black Atlantic space, as is argued in Gilroy's book—of looking at the philosophical ideas developing amongst African-Americans and how it influenced European thoughts and vice versa.

Debates about Black music as a counter-modernity were articulated very early on and highlighted at the Dia Foundation Conference in New York in 1991. The conference created a discursive space for helping to understand the sonic signifying practices of Black music and this question of transculturation. My feature film *Young Soul Rebels* (1991) was an attempt at understanding this phenomenon. I was trying to draw a correlation between the influence of seventies African-American funk music and Black British culture. The film specifically looked at the lives of four young protagonists; crystallized within their lives is this story of their relationship to this music. This type of cultural formation has been helpful for thinking through the complexities of difference for quite a long time in the British context, and I see myself as being engaged in that sort of practice, furthering it in recent film installations such as *Baltimore*.

What is interesting about the Black Atlantic is the whole discussion about space and modernity and counter-modernity, which is its point of merit. This question of translocation is where I use the idea of the circum-Atlantic, of continual movement, of how one movement contaminates another and vice versa. This has been a dialogic exchange and condition for quite some time, but I would argue it is not developing as interestingly as before.

The Black presence within "the Front line"—in relation to current Labour government thinking—has diminished. All the ideas are articulated in Gilroy's later book *Between Camps*, which some people find controversial, but I find it to be as brilliant as *The Black Atlantic*. The implication of

Blacks' global presence in relation to policy and to visual culture gets critiqued in this book. There is more and more sympathy for this perspective.

The Black right wing exists in the form of what is now called neo-liberalism. The neo-liberal is the right wing dressed in the language of democracy. And how that translates into current art and visual practice really is a quite complicated correspondence.

S. M. Has there been a point in your own practice when you felt you had to modify your aesthetic position so that you were able to allow others to continue to access your own space? As the American artist-philosopher Adrian Piper talked about it, you might have felt "cornered" by the fact that you are always perceived as the Other in many ways. Was there a point in your career in the late eighties, early nineties when that marginalization left you in a place that you didn't want to find yourself in?

I. J. On the whole I am very proud of my formation. I was very fortunate to be around so many interesting and intellectual critics and artists in England around the mid-eighties. It was a vintage period—I could almost be nostalgic about it—but there was also a way in which it could be perceived as a conversation. There is nothing I regret in terms of being an artist in relation to my experience. I can see the problems of an institution when things get written about after they happen, problems with what gets perceived as history; I see the problems of paradigms that have to be broken, and different generations come along and react to what they see as a certain fixing. It has been important for some artists who came along after us and said, "You know what? I am an artist, and I don't want to be seen as a Black artist."

The truth is I have always seen the questions with which I am dealing as universal questions. They get constructed as marginal, to do with your personal discourse, your practice being seen as domestic discourse—it gets read as something else, but there are superstructures. For me, it is about the work remaining interesting, and I want the work to remain interesting, to have a certain cultured aspect to it. I can look at a piece like *Territories* (1984) or like *Baltimore* (2003), when I was exhibiting them both in Korea, and think that the latter is a much more politicized piece of work. There are different moments which produce different reactions in relation to the kinds of interventions: interventions whether on the TV, in the cinema, in the gallery or in the museum. On one level, the space is immaterial, as long as one can rearticulate it and do something outside, within or against it.

S. M. You use the terms "engagement" and "strategic" and "criticality." And you suggested that there was a configuration because of different possibilities you have to take on board, your ability to look at class as an issue and the "queer" political situation. Black and "queer" was a very specific position not taken on board by Black activists of the eighties in identity politics. These are very vital political positions you had to acknowledge.

I. J. Yes, but then these positions became popularized, just as the "queer" culture became commodified. Where is the resistance in that? Gilroy talks about the way Blackness is used in corporate culture, its advertising strategies, and how it has been rehashed in hip-hop, which is not terribly interesting in these days. This idea of being romantic about identity politics is just a red herring—even for a moment—because it does not have that idea of criticality that recognizes a sort of shift.

S. M. In looking at these differences …

I. J. Yes, but you don't look at your practice in terms of it being about difference. In some of my works, like *Paradise Omeros* (2002), it is obvious there is such a strong relation to the Black Atlantic. At the beginning of the film, Derek Walcott and Hansil Jules are looking out onto the Atlantic Ocean, and then there is a cut to the River Thames, London, which in a way encapsulates the journey within it and the whole *Windrush* ship mythology and iconography, which is not shown but is there. I see my film as cartography, mapping out different spaces.

The Darker Side of Black (1994) was a collaboration of sorts with Paul Gilroy talking about the misanthropic aspects of Black popular culture in hip-hop and reggae and the political dissidents being not part of its new language. In this piece, one literally travels to Jamaica, London and L. A., Harlem, New York too. And in *Frantz Fanon* (1996), it is Martinique, Tunisia and Paris.

S. M. And in your new work, *True North*?

I. J.   In the new work, it is America and Iceland. That is quite different, from the form of mapping to the question of translocation, a different circum-Atlantic current which I am exploring.

S. M. As someone who has lived in Britain, you have talked a lot about American culture, especially Black American culture and some of its key figures.

I. J.   Yes, in something like *BaadAsssss Cinema* (2002). And in a piece like *Baltimore*, there is a reflection on it; yet, the protagonist is not African-American—she is a Black Briton (Vanessa Myrie). This idea of looking at things in terms of their national identity is not very inviting; I think knowledge and new technologies don't act in that way. If you are interested in cinema and you know you are going to think about Black popular culture, why not think about blaxploitation in cinema, as it is a kind of *bête noire* to my own practice.

Thinking about cinema, race and current interests—I do these things as a Black British person and, in that sense, it is going to be articulated differently. It is not seen as authentic, it is contaminated. I am already a hybrid, certainly imperfect. Filmmaking reflects a chain of movements. My family lives in New York, Montreal—it is dispersed into different spaces. My aesthetic practice is not going to be situated locally, not be just in Britain—that is a sign of a certain parochialism. At a documentary level, it is not marketed and articulated in this sort of way, as it is not interesting for the media.

S. M. Do you think that the Black Atlantic is one of the few ways that allowed us to think of modernity as not being innocent?

I. J.   It has really confirmed so many things and I think that the idea of modernity and counter-modernities and the idea of terror, even Gilroy's essay on Turner—that painting in Boston's Museum of Fine Arts, and thinking about why that is there and not here in Britain.

S. M. It is not even recognized as having terror in that seascape—the arms of the slaves being thrown overboard.

I. J.   It is interesting that Turner painted it and it was about the Other, not just the Sublime. Certain traditional artists thus can be thought of like Turner, in terms of painting, and this ability connects so-called Black art.

S. M. In *Paradise Omeros*, there is the figure of the waiter diving into the water—the camera is under water with him. To me, that referred to the idea of the slaves being thrown overboard into the Atlantic Ocean and the idea of hundreds and hundreds of skeletons lining the ocean floor. The story behind the Turner painting was the captain who threw overboard into the Atlantic 132 slaves who were sick, as he did not want to bother to transport them. How do you feel if somebody reads something like that in your work?

I. J.   It is not my intentionality. I am thinking about those things in a philosophical sense, but not always in a visual-literal sense. But there are certainly references, and if people want to make those references, that is fine—but I don't want to police the critics. They always look at my work and say, "Oh, that is Black art." But there might be some things about the specificity of my practice and what I am doing that are linked to certain questions—of cultural difference, race, representation, history and memory. These are all very important things, but I don't reinvent myself to that degree, as I am not that desperate to be accepted by a status quo. I was part of a circle of artists, critics, who all felt that race was a fiction—the idea of epidermalization—connected to histories, memories, bodies of experience and politics. But essentializing this way of thinking can be boring, to always have works critiqued in this sort of categorical, hermetically sealed way. The whole idea of *True North* is to do something that could be perceived as unexpected, perhaps not directly related to the Black Atlantic in terms of its impulse. It is related to the idea of setting out on a quest which is not predestined. The kind of filmmaking involved in this finds a set of quests for itself. In some way, art has an autonomy, it does not have to be a literalization of what has been rearticulated in a theoretical paradigm. It has its own routes and its own ideas.

S. M. In many ways, movements, moments and constellations articulated in the Black Atlantic allowed us to enable a spatial reinvention. In *True North*, there is an act of remembering which has to be rearticulated now, as there are certain stories not told, certain endeavours not recalled as part of history. How is this act of remembering also an act of reinvention in its own right?

I. J. I am interested in questions of the Sublime and the figuring of the Other within these ideas, and the problem with that is it may get linked to the literal idea of unbelongingness, and one may attribute it to certain subjects in relation to a landscape and a space. In the case of Matthew Henson, the fact that he may have been a manservant to Robert Peary in the various expeditions with him to the North Pole is very interesting, as thirty years after Peary's death, he said that he may have got there first, and many think that he did. After he had revealed this to Peary, he was in fear of his life.

The idea of the hierarchical aspect of thinking, that ideas and theories belong to one group of people and actions to another—that whole idea is at work in this piece. Also, the struggling metaphor of walking, symbolizing the voyage of the modern that has to be experienced by others. There are fascinating new theories of space and time. Some critics feel that this fluidity is the space of autonomy, away from a generalized theory. Some of these discourses are romanticized. Of course, the journey can be something of a metaphor, but it is bad karma to discuss too much about what you are trying to do. After working for quite a long time, I know it is good to not always know what you are doing in relation to the material, so that the material can "work" itself to tell you what to do.

A version of this interview was published in *The Black Atlantic*, September 2004, for The House of World Culture, Berlin.

LISTE DES ŒUVRES

Paradise Omeros 2002
Rétro projection sur trois écrans
Film 16 mm, noir et blanc et couleur,
transféré sur DVD. Son
Durée de 20 min 29 s
Édition de 4 exemplaires

Baltimore 2003
Projection sur trois écrans
Film 16 mm, noir et blanc et couleur,
transféré sur DVD. Son
Durée de 11 min 36 s
Édition de 6 exemplaires

True North 2004
Projection sur trois écrans
Film 16 mm, noir et blanc et couleur,
transféré sur DVD. Son
Durée de 14 min 20 s
Édition de 6 exemplaires

True North Series 2004
Épreuve couleur
100 x 100 cm

Les œuvres d'Isaac Julien sont reproduites et présentées avec l'aimable permission de l'artiste et de la galerie Victoria Miro, Londres.

L'impression des images photographiques des œuvres d'Isaac Julien provient de Hare & Hound Press, San Antonio, Texas, à l'exception des pages suivantes : 57, 61 et 62, vues de l'installation présentée à la *Documenta 11*, Platform 5, Kassel, 2002, Allemagne; et des pages 45 et 46, vues de l'installation présentée au FACT (Film, Art & Creative Technology) Centre, Liverpool, en février 2003.

LIST OF WORKS

Paradise Omeros 2002
Triple-screen rear projection
16-mm black & white/colour film,
DVD transfer. Sound
Duration of 20 min 29 s
Edition of 4

Baltimore 2003
Triple-screen projection
16-mm black & white/colour film,
DVD transfer. Sound
Duration of 11 min 36 s
Edition of 6

True North 2004
Triple-screen projection
16-mm film, black & white/colour film,
DVD transfer. Sound
Duration of 14 min 20 s
Edition of 6

True North Series 2004
Colour photograph
100 cm x 100 cm

Isaac Julien's works are reproduced and presented courtesy of the artist and of The Victoria Miro Gallery, London.

The photographic images of the works were provided by Hare & Hound Press, San Antonio, Texas, with the exception of the following: pages 57, 61 and 62, views of installation presented at *Documenta 11*, Platform 5, Kasel, 2002, Germany; and pages 45 and 46, views of installation presented at the FACT (Film, Art & Creative technology) Centre, Liverpool, England, in February 2003.

BIOBIBLIOGRAPHIE SÉLECTIVE

Isaac Julien
Né à Londres, en 1960.
Vit et travaille à Londres.

L'astérisque signifie qu'une publication accompagnait l'événement.

Une biobibliographie détaillée est disponible sur le site Web de la Médiathèque du Musée d'art contemporain de Montréal : http://media.macm.org

Expositions particulières

2004
Isaac Julien: Baltimore, Galería Helga de Alvear, Madrid.

Isaac Julien: Artist in Focus, Museum Boijmans Van Beuningen, Rotterdam. Présentée dans le cadre du IFFR (International Film Festival Rotterdam).

Baltimore, Eyebeam, New York.

2003
Isaac Julien: Paradise Omeros and Baltimore, ArtPace, San Antonio, Tex.

Isaac Julien: Baltimore, Metro Pictures, New York.

Isaac Julien: Trussed, Sketch, Londres.

Isaac Julien: Paradise Omeros and Baltimore, Victoria Miro Gallery, Londres.

Isaac Julien: Baltimore, The Aspen Art Museum, Aspen, Colo.

Isaac Julien, Yvon Lambert, Paris.

Isaac Julien, Bohen Foundation, New York.

Isaac Julien, FACT, Film Art & Creative Technology, Liverpool.

2001
Issac Julien, Fabric Workshop, Philadelphie.

Isaac Julien "Vagabondia" and "The Long Road to Mazatlan", MIT List Visual Arts Center, Cambridge, Mass.°

2000
Vagabondia, Studio Museum, Harlem, N. Y.

The Film Art of Isaac Julien, Center for Curatorial Studies Museum, Bard College, Annandale-on-Hudson, N. Y. [itinéraire : Museum of Contemporary Art, Sydney, Australie; BildMuseet Umeå, Suède; Henie Onstad Kunstsenter, Hovikodden; Yerba Buena Center, San Francisco].°

Cinerama, Isaac Julien & Javier de Frutos, Corner House Museum, Manchester [itinéraire : South London Gallery, Londres].

After Mazatlan, Victoria Miro Gallery, Londres.

1999
The Long Road to Mazatlan, Art Pace, San Antonio, Tex. [itinéraire : Grand Arts, Kansas City; Museum of Contemporary Art Chicago, Chicago].°

Three, Victoria Miro Gallery, Londres.

Fanon S. A., The Arena, Oxford Brookes University, Oxford.

Expositions collectives

2004
Dak'Art, La Biennale de l'art africain contemporain, Dakar.°

2004 Whitney Biennial Exhibition, Whitney Museum of American Art, New York.°

Friendly Fire, TENTCentrum Beeldende Kunst, Rotterdam. Présentée dans le cadre du IFFR (International Film Festival Rotterdam).

Point of View: An Anthology of the Moving Image, New Museum of Contemporary Art, New York.°, DVD.

3. Berlin Biennale, Berlin.°

Files, Museo de Arte Contemporáneo de Castilla y León, Présentée dans le cadre de ARCO 04.°

Stranger Than Fiction, Leeds City Art Gallery, Leeds [itinéraire en Grande-Bretagne : Tullie House Museum and Art Gallery, Carlisle; Aberystwyth Arts Centre, Aberystwyth; Usher Gallery, Lincoln; Nottingham Castle, Nottingham; Brighton Museum and Art Gallery, Brighton].

2003
Only Skin Deep: Changing Visions of the American Self, International Center of Photography, New York [itinéraire : Seattle Art Museum, Seattle].°

Art, Lies and Videotape: Exposing Performance, Tate Liverpool, Liverpool.°

Love/Hate: Approaches Towards the Grand Emotion Between Art and Theatre, Ursula Blickle Stiftung, Kraichtal, Allemagne.°

East Wing Collection, Courtauld Institute of Art, Londres.

Utopia Station Poster Project, 50th Venice Biennale, Venise [itinéraire : Haus der Kunst, Munich; Museum in progress, Vienne].

Independence, South London Gallery, Londres.

Double Vision, Photo Espana, Madrid.

2002
Future of Cinema: the Cinematic Imagery After Film, ZKM Center for Art and Media Karlsruhe, Karlsruhe [itinéraire : Nykytaiteen Museo Kiasma = Museum of contemporary art Kiasma, Helsinki; ICC Inter Communication Center, Tokyo].°

Documenta11_Platform5, Binding Building, Cassel.°

The Gap Show, Museum am Ostwall, Dortmund.°

Screen Memories, Art Tower Mito, Mito.°

New Narratives in Contemporary Photography and Video, Rose Art Museum, Brandeis University, Waltham, Mass.

Les Enfants du Paradis, Yvon Lambert Gallery, Paris.

2001
Unpacking Europe, Museum Boijmans Van Beuningen, Rotterdam.°

The Short Century: Independence and Liberation Movements in Africa 1945-1994, Museum Villa Stuck, Munich [itinéraire : Haus der Kulturen der Welt, Berlin; Museum of Contemporary Art, Chicago; P.S.1 Contemporary Art Center, New York].

Enduring Love, Klemens Gasser & Tanja Grunert Inc., New York.

Turner Prize, Tate Gallery, Londres.°

ARS01, Kiasma/The Finnish National Gallery, Helsinki.°

Strength and Diversity: A Celebration of African American Artists, Carpenter Center for the Visual Arts, Harvard University, Cambridge, Mass.

Raw, Victoria Miro Gallery, Londres.

1999
Retrace your steps: remember tomorrow, Soane Museum, Londres.°

1998
Les Mondes du Sida : entre résignation et espoir = Aids Worlds: Between Resignation and Hope = I Mondi dell'Aids : tra rassegnazione e speranza = Aids-Welten : zwischen Resignation und Hoffnung, Centre d'art contemporain, Genève [itinéraire : Centro d'arte Contemporanea Ticino, Bellinzone, Suisse].°

1997
Beauty and the Beast, Walter Phillips Gallery, Banff.

Rhapsodies in Black: Art of the Harlem Renaissance, The Hayward Gallery, Londres [itinéraire en Grande-Bretagne: Arnolfini, Bristol; Mead Gallery, University of Warwick, Warwick; aux États-Unis : M. H. de Young Memorial Museum, San Francisco; The Corcoran Gallery of Art, Washington; Museum of Fine Arts, Houston].°

2nd Johannesburg Biennale, Johannesburg.°

The Look of Love, The Approach, Londres, et Southampton City Art Gallery, Southampton.

1996
New Histories, ICA, Boston.°, DVD.

Scream and Scream Again, Museum of Modern Art, Oxford [itinéraire : The Irish Museum of Modern Art, Dublin; Helsinki Museum of Contemporary Art, Helsinki].°

Hotter than July, Margo Leavin Gallery, Los Angeles.°

British Art Now, Roslyn Oxley 9 Gallery, Sydney, Australie.

1995
Mirage: Enigma of Race, Difference and Desire, Institute of Contemporary Arts, Londres.°

1993
Abject Art, Whitney Museum of Art, New York.°

1991
Undressing Icons, Patrick's Cabaret, Walker Art Gallery, Minneapolis.°

1990
Edge 90, Londres et Newcastle Upon Tyne.°

Festivals de films

2004
International Film Festival Rotterdam, Rotterdam.

2003
Edinburgh International Film Festival, Édimbourg.

The Jenjou International Film Festival, Zhengzhou.

KunstFilmBiennale, Cologne.

Raindance Film Festival, Londres.

2002
Brief Encounters International Short Film Festival, Bristol.

Malmö Film Festival, Malmö, Suède.

Nuit Blanche/Nuit Vidéo, Paris.

2001
Umeå Film Festival, Umeå, Suède.

2000
Dance on Camera Festival, New York.

International Film Festival Rotterdam, Rotterdam.

London Lesbian & Gay Film Festival, Londres.

1998
Los Angeles Lesbian and Gay Film Festival, Los Angeles.

1997
Festival International du Film sur l'Art, Montréal.

Pittsburgh International Lesbian and Gay Film Festival, Pittsburgh.

1996
Rencontres Internationales de Cinéma, Paris.

1994
Los Angeles International Gay & Lesbian Film & Video Festival, Los Angeles.

Out in Africa South African Gay and Lesbian Film Festival, Cape Town, Johannesburg et Durban.

San Francisco International Lesbian and Gay Film Festival, San Francisco.

1993
The Chicago Lesbian & Gay International Film Festival, Chicago.

1992
Jerusalem International Film Festival, Jérusalem.

New York Film Festival, New York.

1991
Berlin International Film Festival, Berlin.

Festival de Cannes, Cannes.

Festival des Films du Monde, Montréal.

Festival Latino, New York.

Los Angeles International Gay & Lesbian Film & Video Festival, Los Angeles.

1990
Images Caraïbes Festival, Martinique.

Los Angeles International Gay & Lesbian Film & Video Festival, Los Angeles.

New York Lesbian & Gay Experimental Film/Video Festival, New York.

1989
Berlin International Film Festival, Berlin.

Los Angeles International Gay & Lesbian Film & Video Festival, Los Angeles.

1986
Chicago Black Light Film Festival, Chicago.

Edinburgh International Film Festival, Édimbourg.

London Film Festival, Londres.

Textes dans catalogues

2004
H.[Huldisch], H.[Henriette]. — «Isaac Julien». — Whitney biennial 2004. — New York : Whitney Museum of American Art, 2004. — P. 194

S.[Schreiner], J.[Julia]. — « Isaac Julien ». — 3. Berlin Biennale für zeitgenössische Kunst = 3rd Berlin biennial for contemporary art : Katalog = catalogue/künstlerische Leitung = artistic director : Ute Meta Bauer. — Berlin : Berlin Biennale für zeitgenössische Kunst, 2004. — P. 76-77

2003
Matt, Gerald; Stief, Angela. — « Isaac Julien : im Gespräch mit Gerald Matt und Angela Stief = in conversation with Gerald Matt and Angela Stief ». — Love hate : Versuche zum grossen Gefühl zwischen Kunst und Theater = approaches towards the grand emotion between art and theater. — Wien; Kraichtal : Triton Verlag; Ursula Bickle Stiftung, 2003. — P. 68-73

Mercer, Kobena. — « Skin head sex thing : racial difference and the homoerotic imaginary ». — Only skin deep : changing visions of the America self. — New York : International Center of Photography; Harry N. Abrams, 2003. — P. 237-265

2002
Julien, Isaac. — « Paradise Omeros ». — Documenta 11 platform 5 : exhibition catalogue. — Ostfildern-Ruit : Hatje Cantz Publishers, 2002. — Repris dans *Future cinema : the cinematic imaginary after film*, 2003. — P. 572

Moitra, Stefan. — « Isaac Julien ». — The gap show : junge zeitkritische Kunst aus Grossbritannien = young critical art from Great Britain. — Dortmund : Museum am Ostwall, 2002. — P. 68-74

Nash, Mark. — « Art and cinema : some critical reflections ». — Documenta 11 platform 5 : exhibition catalogue. — Ostfildern-Ruit : Hatje Cantz Publishers, 2002. — P. [129]-136

2001
B.[Barson], T.[Tanya]. — « Isaac Julien ». — Turner Prize 2001. — London : Tate Britain, 2001. — P. [11]-[12]

Dass, Vasanthi. — « Isaac Julien : Vagabondia ». — Isaac Julien : Vagabondia. — Cambridge : MIT List Visual Arts Center, 2001. — P. [?]

Rogoff, Irit. — « Isaac Julien's Vagabondia ». — ARS 01. — Helsinki : Museum of Contemporary Art Publication, 2001. — P. 96-98

2000
Cruz, Amanda. — « Introduction ». — The film art of Isaac Julien. — Annandale-on-Hudson : Center for Curatorial Studies, 2000. — P. vi-ix

Deitcher, David. — « A lovesome thing : the film art of Isaac Julien ». — The film art of Isaac Julien. — Annandale-on-Hudson : Center for Curatorial Studies, 2000. — P. 11-23

Enwezor, Okwui. — « Towards a critical cinema : the films of Isaac Julien ». — Isaac Julien. — Kansas City : Grand Arts, 2000. — P. [?]

Frankel, David. — « Isaac Julien : The Long Road to Mazatlan ». — The film art of Isaac Julien. — Annandale-on-Hudson : Center for Curatorial Studies, 2000. — P. 24-25

1998
W.[Wagner], F.[Frank]. — « Isaac Julien ». — Les mondes du Sida : entre résignation et espoir = Aids worlds : between resignation and hope = I mondi dell'Aids : tra rassegnazione e speranza = Aids-Welten : zwischen Resignation und Hoffnung. — Berne : Sida Info Doc Suisse, 98. — P. 168-169

1996
Iles, Chrissie. — « The mutability of vision ». — Scream and scream again : film in art. — Oxford : Museum of Modern Art, 1996. — Extrait repris dans *New Histories*, 1996. — P. [5]-[16]

Julien, Isaac. — « Black British cinema-diaspora cinema ». — New histories/Milena Kalinovska, curator; Lia Gangitano, Steven Nelson, editors. — Boston : The Institute of Contemporary Art, 1996. — Repris dans *The Film Art of Isaac Julien*, 2000. — P. 60-62

Textes dans livres

2001
Darke, Chris. — « Territories : the tell-tale trajectory of Isaac Julien ». — Isaac Julien. — London : Ellipsis, 2001. — P. 75-81

Mercer, Kobena. — « Avid iconographies ». — Isaac Julien. — London : Ellipsis, 2001. — P. 7-21

1999
Julien, Isaac. — « Interview ». — Struggles for representation/P. Klotman and J. Cutler. — Bloomington : Indiana University Press, 1999. — P. 36-37

Julien, Isaac. — « [Sans titre] ». — Sogni = Dreams : project of the Fondazione Sandretto Re Rebaudengo per l'Arte/edited by Francesco Bonami and Hans Ulrich Obrist. — Torino : Fondazione Sandretto Re Rebaudengo per l'Arte, 1999. — Publication réalisée à l'occasion de la 48e *Biennale de Venise* et distribuée du 9 au 12 juin 1999 durant les journées de presse. — P. 71

1998
Goldberg, Roselee. — « Isaac Julien : Looking for Langston, 1990 ». — Performance : live art since 1960. — London : Thames and Hudson, 1998. — Repris en français dans *Performances : l'art en action*, 1999. — P. 143

Julien, Isaac. — « Interview avec Isaac Julien ». — Frantz Fanon : peau noire, masques blancs. — Paris : K Films, 1998. — Interview de Françoise Vergès. — P. 30-33

Julien, Isaac; Nash, Mark. — « Frantz Fanon : peau noire, masques blancs ». — Frantz Fanon : peau noire, masques blancs. — Paris : K Films, 1998. — Scénario du film. — P. 35-71

Julien, Isaac; Nash, Mark. — « Only angels have wings ». — DIA Centre of the arts. Aids worlds : between resignation and hope, 1998. — Repris dans *Tracey Moffatt : Free-Falling*, 1998 et dans *The Film Art of Isaac Julien*, 2000. — P. 142-147

Vergès, Françoise. — « Le fantôme de Frantz Fanon ou oublier le tiers monde ». — Frantz Fanon : peau noire, masques blancs. — Paris : K Films, 1998. — P. 5-22

1997
Powell, Richard J. — « Black joy on film ». — Black art and culture in the twentieth century. — London : Thames and Hudson, 1997. — Réédité sous le titre *Black Art : A Cultural History*, 2003. — P. 207-221

1996
« Film-makers' dialogue : Mark Nash, Isaac Julien, Martina Attille, Raoul Peck, Homi K. Bhabha ». — The fact of blackness : Frantz Fanon and visual representation/Edited by Alan Read. — London; Seattle : InIVA; Bay Press, 1996. — P. 166-179

Diawara, Manthia. — « The absent one : the avant-garde and the black imagery in Looking for Langston ». — Representing black men/Edited by Marcellus Blount and George P. Cunningham. — London; New York : Routledge, 1996. — P. 205-224

Diawara, Manthia. — « Black British cinema : spectatorship and identity formation in Territories ». — Black British cultural studies : a reader/Edited by Houston A. Baker, Jr. Manthia Diawara and Ruth H. Lindeborg. — Chicago; London : The University of Chicago Press, 1996. — P. 293-305

Hooks, Bell. — « Thinking through class : paying attention to The Attendant ». — Reel to real : race, sex, and class at the movies. — New York : Routledge, 1996. — P. [91]-97

Julien, Isaac; Mercer, Kobena. — « De margin and the center ». — Black British cultural studies : a reader/Edited by Houston A. Baker, Jr. Manthia Diawara and Ruth H. Lindeborg. — Chicago; London : The University of Chicago Press, 1996. — Repris en français dans *La vidéo, entre art et communication*, 1997. — P. 194-209

Silverman, Kaja. — « The ceremonial image ». — The threshold of the visible world. — New York : Routledge, 1996. — P. 104-121

1995

Curlis, David. — « [Isaac Julien] ». — A directory of British film & video artists. — Luton, Bedfordshire : John Libbey Media, Faculty of Humanities, University of Luton, [1995]. — P. 86-87

Julien, Isaac. — « Burning rubber's perfume ». — Remote control/J. Givanni (ed.). — London : British Film Institute, 1995. — P. 55-62

Julien, Isaac. — « Where we live : a conversation with Essex Hemphill and Isaac Julien ». — Speak my name/Don Delton, ed. — Boston : Beacon Press, 1995. — P. [?]

1993

Gates, Henry Louis Jr. — « The black man's burden ». — Fear of a queer planet : queer politics and social theory/Michael Warner editor. — Minneapolis; London : University of Minnesota Press, 1993. — (Cultural Politics; v. 6). — P. 230-238

Gilroy, Paul. — « Climbing the racial mountain : a conversation with Isaac Julien ». — Small acts : thoughts on the politics of black cultures. — London; New York : Serpent's Tail, 1993. — P. 166-172

Julien, Isaac. — « Performing sexualities : an interview ». — Pleasure, principle, politics, sexuality and ethics/Philip Harwood and David Oswell (eds.). — London : Lawrence and Wishart, 1993. — P. [?]

1992

Julien, Isaac. — « Black is, black ain't : notes on de-essentializing black identities ». — Black popular culture. — Seattle : Bay Press, 1992. — Repris dans *The Film Art of Isaac Julien*, 2000. — P. 255-263

Julien, Isaac; Mulvey, Laura. — « Who is speaking? Of nation, community and first-person interview ». — Framer framed : film scripts and interviews/T. Min-Ha. — New York : Routledge, 1992. — P. [?]

1991

Julien, Isaac; MacCabe, Colin. — « Diaries ». — Diary of a young soul rebel. — London : British Film Institute, 1991. — P. 15-174

Julien, Isaac et al. — « Film script ». — Diary of a young soul rebel. — London : British Film Institute, 1991. — P. 141-212

1990

Cubitt, Sean. — « An other and its others ». — Timeshift : on video culture. — London; NewYork : Routledge, 1990. — P. 108-127

Cubitt, Sean. — « Out of sight ». — Timeshift : on video culture. — London; New York : Routledge, 1990. — P. 128-148

1988

« Interview with Sankofa Film Collective/Martina Attille, Maureen Blackwood, Nadine Marsh-Edwards and Isaac Julien in dialogue with Jim Pines ». — Black film British cinema. — London : ICA, 1988. — (ICA Documents, 7). — P. 55-57

Attille, Martina. — « The passion of remembrance : background ». — Black film British cinema. — London : ICA, 1988. — (ICA Documents, 7). — P. 53-54

Fusco, Coco. — « [Sankofa & Black Audio Film Collective] ». — Young, British, and black : the work of Sankofa Film and Video Collective and Black Audio Film Collective. — Buffalo : Hallwalls/Contemporary Arts Center, 1988. — Repris dans *Discourses, Conversations in Postmodern Art and Culture*, 1990. — P. [?]

Mercer, Kobena. — « Diaspora culture and the dialogic imagination ». — Blackframes critical perspectives on black independent cinema. — Cambridge : MIT Press, 1988. — P. [?]

Rose, Jacqueline. — « Sexuality and vision : some questions ». — Vision and visuality/Edited by Hal Foster. — Seattle : Bay Press, 1988. — (Dia Art Foundation; Discussions in contemporary culture, Number 2). — P. 115-127

Textes dans périodiques

2004

Julien, Isaac. — « Isaac Julien on BaadAsssss! ». — Artforum. — Vol. 42, no. 10 (Summer 2004). — P. 55

Reid, Calvin. — « Funk renaissance ». — Art in America. — Vol. 92, no. 3 (Mar. 2004). — P. 92-95

2003

« Isaac Julien: 'Great blacks in wax' – backstage at the museum ». — The Independent. — (Mar. 9, 2003). — Interview. — En ligne [Réf. du 2004], accès : <http://enjoyment.independent.co.uk/film/interviews/story.jsp?story=385794>

B.[Buck], L.[Louisa]. — « Isaac Julien : Baltimore. Fact, Liverpool ». — The Art Newspaper. What's on. — Vol. 8, no. 134 (Mar. 2003) — P. 18

Boutoux, Thomas. — « Isaac Julien ». — Flash Art. — Vol. 36, no. 232 (Oct. 2003). — Sous : « Reviews ». — P. 123

Darwent, Charles. — « The truth is rarely black and white ». — Independent on Sunday. — (Sept. 7, 2003). — P. [?]

Deitcher, David. — « Sweetback waxed ». — Time Out New York. — Issue 424 (Nov. 13-20, 2003). — En ligne [Réf. du 5 mars 2004], accès : <http://www.timeoutny.com/art/424/424.art.julien.op.html>

Dillon, Brian. — « Isaac Julien ». — Modern Painters. — Vol. 16, no. 4 (Winter 2003). — Sous : « Reviews ». — P. 121-122

Falconer, Morgan. — « Isaac Julien ». — Frieze. — Issue 79 (Nov./Dec. 2003). — Sous : « Reviews ». — P. 95

Frankel, David. — « Isaac Julien : Bohen Foundation ». — Artforum. — Vol. 42, no. 2 (Oct. 2003). — P. 169-170

Goddard, Dan R. — « Historic figures, art inspire filmmaker ». — San Antonio Express-News. — (Dec. 7, 2003). — P. J-1

Graham, Beryl. — « Fact finding ». — Art Monthly. — No. 266 (May 2003). — P. 7-10

Herbert, Martin. — « Isaac Julien ». — Time Out. — (Sept. 24-Oct. 1, 2003). — Sous : « Reviews ». — P. [?]

Hickling, Alfred. — « Isaac Julien ». — Guardian Unlimited. — (Feb. 28, 2003). — P. [?]

Johnson, Ken. — « Isaac Julien : Baltimore ». — The New York Times. — (Nov. 7, 2003). — P. E-31

Kaltenbach, Chris. — « You could call him a renaissance man ». — The Los Angeles Times. — (Jan. 3, 2003). — P. E-26

Lebovici, Elisabeth. — « Les trinités d'Isaac Julien : l'installation vidéo de l'artiste britannique est exposée à Paris ». — Libération. — (21 juin 2003). — P. 24-25

Murphy, Siobhan. — « Powerful tales of transition ». — Metro. — (Sept. 15, 2003). — P. [?]

Russell Taylor, John. — « Is it a film? Is it a video installation? ». — The Times. — (Sept. 17, 2003). — P. 13

Russell Taylor, John. — « The matter of fact ». — The Times. — (Mar. 12, 2003). — P. 15

Sandhu, Sukhdev. — « Odyssey of a lost soul ». — The Daily Telegraph. — (Sept. 24, 2003). — P. 19

Scott, Andrea K. — « Isaac Julien, Paradise Omeros ». — Time Out New York. — Issue 408 (July 24-31, 2003). — En ligne [Réf. du 5 mars 2004], accès : <http://www.timeoutny.com/art/408/408.art.julien.rev.html>

Searle, Adrian. — « Isaac Julien ». — The Guardian. — (Sept. 8, 2003). — En ligne [Réf. du 5 mars 2004], accès : <http://www.guardian.co.uk/arts/critic/feature/0,1169,1048116,00.html>

Smith, Roberta. — « Isaac Julien : "Paradise Omeros" ». — The New York Times. — (July 11, 2003). — Sous : « Art in review ». — P. E-31

Steiner, Susie. — « Paradise found ». — The Guardian. — (Sept. 6, 2003). — P. [?]

White, Armond. — « Badass is back : the big black dialectics of Isaac Julien ». — New York Press. — (Nov. 19-25, 2003). — En ligne [Réf. du 5 mars 2004], accès : <http://nypress.com/print.cfm?content_id=9199>

White, Armond. — « Midyear examination ». — New York Press. — (July 9, 2003). — P. [?]

White, Ian. — « The mattter of FACT ». — Art Review. — Vol. 54 (Apr. 2003). — P. 42

2002

« Paul Gladstone-Reid & Isaac Julien ». — Independent on Sunday. — (June 9, 2002). — P. [?]

Berwick, Carly. — « Isaac Julien ». — Vogue Hommes International. — (Fall/Winter 2002-2003). — P. [?]

Feaver, William. — « Turner Prize 2001 ». — Artnews. — Vol. 101, no. 2 (Feb. 2002). — Sous : « Reviews ». — P. 134

Freidson, Michael. — « Getting the shaft ». — Time Out New York. — Issue 358 (Aug. 8-15, 2002). — En ligne [Réf. du 5 mars 2004], accès : <http://www.timeoutny.com/timein/358/358.tv.shaft.open.html>

Grant, Catherine. — « Turner Prize: light's on – anyone home? ». — Flash Art. — Vol. 34, no. 222 (Jan./Feb. 2002). — P. 40

Guthmann, Edward. — « 'BAAD' Company : documentary remembers Foxy, Shaft and an African American film genre that packed energy and audacity ». — San Francisco Chronicle. — (Aug. 13, 2002). — P. D-1

Heartney, Eleanor. — « A 600-hour Documenta ». — Art in America. — Vol. 90, no. 9 (Sept. 2002). — P. 86-95

Hinson, Hal. — « Birth of a genre: the black hero who talks back ». — The New York Times. — (Aug. 11, 2002). — [?]

Julien, Isaac. — « Isaac Julien ». — Contemporary. — Nos. 40/41/42 (June/July/Aug. 2002). — Interview de Maite Lorés. — P. 90-95

Julien, Isaac. — « Isaac Julien : spaces of translation : speaking one language, understanding another/Übersetzungsräume : eine Sprache sprechen, eine anderre verstehen. A conversation with/ein Gespräch mit Constanze Rhum ». — Camera Austria. — No. 79 (2002). — P. 17-28

Julien, Isaac. — « The long road : Isaac Julien in conversation with B. Ruby Rich ». — Art Journal. — Vol. 61, no. 2 (Summer 2002). — P. 50-67

Meyer, James. — « Tunnel visions ». — Artforum. — vol. 41, no. 1 (Sept. 2002). — P. 168-169

Nash, Mark. — « Wait until dark ». — Tate. — (Nov./Dec. 2002). — P. [?]

Nochlin, Linda. — « Documented success ». — Artforum. — Vol. 46, no. 1 (Sept. 2002). — Sous : « Platform Muse : Documenta11 ». — P. 161-163

Poniewozik, James. — « Can you dig it? Right on! ». — Time. — (Aug. 19, 2002). — P. [?]

Rich, Ruby B. — « Still a soul rebel ». — The Advocate. — (May 14, 2002). — En ligne [Réf. du 5 mars 2004], accès : <http://www.findarticles.com/cf_0/m1589/2002_May_14/85523501/p1/article.jhtml>

2001

Billingham, Richard. — « The Turner Prize 2001 ». — Tate. — No. 27 (Winter 2001). — P. 22-28

Cotter, Holland. — « Isaac Julien : eros cruises the museum in a filmmaker's dreams ». — NKA : Journal of Contemporary African Art. — No. 15 (Fall/Winter 2001). — P. 70-73

Enriquez, Mary Schneider. — « Isaac Julien and Javier de Frutos ». — Art Nexus. — Vol. 4, no. 42 (Nov. 2001/Jan. 2002). — P. 112-113

Hibdige, Dick. — « Isaac Julien, the great divided territories ». — Prince Claus Fund Journal. — No. 7 (2001). — P. 20-21

Kley, Elizabeth. — « In search of false time : Slater Bradley/T. J. Wilcox/Isaac Julien ». — PAJ a journal of performance and art. — Vol. 23, no. 2, issue 68 (2001). — P. 61-67

Sherman, Mary. — « MIT gallery freeze-frames the possibilities of video ». — Boston Herald. — (May 6, 2001). — P. 062

Wei, Lilly. — « Isaac Julien at the Studio Museum in Harlem ». — Art in America. — Vol. 89, no. 5 (May 2001). — Sous : « Review of exhibitions ». — P. 168

Zdanovics, Olga. — « Isaac Julien ». — New Art Examiner. — Vol. 28, no. 5 (Feb. 2001). — P. 48

2000

Corrigan, Susan. — « Dancing with dudes ». — The Times. — (Aug. 12-18, 2000). — P. 20

Cotter, Holland. — « Eros cruises the museum in a filmmaker's dreams ». — The New York Times. — (Nov. 24, 2000). — P. E-38

Dunning, Jennifer. — « Dance and the camera celebrating together ». — The New York Times. — (Jan. 14, 2000). — Sous : « Critic's choice ». — P. E-28

Farquharson, Alex. — « Isaac Julien & Javier de Frutos ». — Art Monthly. — No. 241 (Nov. 2000). — P. 35-36

Julien, Isaac ; Nash, Mark. — « Frantz Fanon as film ». — Anglistica. — Vol. 4, no. 2 (2000). — Repris dans NKA : Journal of Contemporary African Art, 2000 et dans The Film Art of Isaac Julien, 2000. — P. [?]

Katzman, Lisa. — « A world of double outsiders : gay as well as black ». — The New York Times. — (Nov. 26, 2000). — P. [?]

Lewisohn, Cedar. — « Isaac Julien ». — Flash Art. — Vol. 33, no. 215 (Nov.-Dec. 2000). — Sous : « Ouverture ». — P. 99

Lustfeldt, Heather. — « At play in the fields of the American West ». — Review. — (Apr. 2000). — P. [?]

Muhammad, Erika. — « Reel stories : Isaac Julien ». — Index. — (June/July 2000). — P. [?]

Orgeron, Devin. — « Re-membering history in Isaac Julien's "The Attendant" ». — Film Quarterly. — No. 53, issue 4 (2000). — P. 32-40

Palmer, Judith. — « Once upon a time in the West ». — The Independent. — (Sept. 19, 2000). — En ligne [Réf. du 5 mars 2004], accès : <http://enjoyment.independent.co.uk/film/features/story.jsp?story=46775>

Raverty, Dennis. — « Kansas City ». — Art Papers. — Vol. 24, no. 4 (July/Aug. 2000). — Sous : « Reviews ». — P. 42-42

Searle, Adrian. — « Winsome cowboys ». — The Guardian. — (Aug. 22, 2000). — P. [?]

Stamets, Bill. — « Stan Douglas "Le Detroit" at the Art Instirute of Chicago; Isaac Julien "The Long Road to Mazatlan" at the Museum of Contemporary Art ». — Chicago Sun-Times. — (Dec. 27, 2000). — P. 47

Thornson, Alice. — « Lonesome cowboys : Isaac Julien disrupts the Western canon with gay-themed film at Grand Arts ». — The Kansas City Star. — (Mar. 19, 2000). — P. J-1

Walters, John L. — « Noises at an exhibition ». — The Guardian. — (Sept. 29, 2000). — P. [?]

Withers, Rachel. — « Retrace your step : remember tomorrow ». — Artforum. — Vol. 38, no. 6 (Feb. 2000). — Sous : « Reviews ». — P. 128-129

1999

Elwes, Catherine. — « Isaac Julien ». — Art Monthly. — No. 227 (June 1999). — P. 35-37

Julien, Isaac. — « In two worlds : an interview with Isaac Julien ». — Sight and Sound. — Vol. 7 (July 1999). — Interview de S. and S. — P. 33

Julien, Isaac. — « Two into the making of three : Isaac Julien's new film with Ralph Lemon, Bebe Miller and Cleo Sylvestre ». — Dance theatre journal. — Vol. 15, no. 2 (1999). — Interview de Christy Adair et Ramsay Burt. — P. [?]

1998

Corris, Michael. — « Heavenly bodies in motion : Isaac Julien's queer trilogy ». — Art/Text. — No. 63 (Nov. 1998/Jan. 1999). — P. 54-59

Diawara, Manthia. — « Moving company : the second Johannesburg Biennale ». — Artforum. — Vol. 36, no. 7 (Mar. 1998). — P. 86-89

Lebovici, Elisabeth. — « Docu-fiction sur la guerre d'Algérie à travers l'engagement d'un psychiatre noir ». — Libération. — (2 déc. 1998). — P. 33

Mandelbaum, Jacques. — «La révolte à fleur de peau». — Le Monde. — (4 déc. 1998). — P. 29

1997

Chambers, Eddie. — «Johannesburg». — Art Monthly. — Issue 212 (Dec. 1997/Jan. 1998). — P. 14-18

Glover, Izi. — «The look of love». — Frieze. — No. 36 (1997). — P. 101-102

Julien, Isaac. — «Visualizing theory : an interview with Isaac Julien». — NKA : Journal of Contemporary African Art. — No. 6-7 (Summer/Fall 1997). — Interview de Coco Fusco. — P. 54-57

Julien, Isaac; Nash, Mark. — «"Black Skin – White Mask". Interview mit Mark Nash und Isaac Julien über Frantz Fanon». — Die Beute. — Nr. 14 (Summer 1997). — Interview de E. Meier, A. Fanizadeh; P. Buzaris. — P. [62-66]

Stam, Robert. — «Permutations of the fantonian gaze : Isaac Julien's "Black Skin White Mask"». — Black renaissance noire. — Vol. 1, no. 2 (Summer/Fall 1997). — P. 186-192

Stanton, Gareth. — «Frantz Fanon Black Skin White Mask». — Sight and Sound. — Vol. 7 (Sept. 1997). — P. 42

1996

«"Vintage", "Langston" being shown on video». — The Los Angeles Times. — (July 19, 1996). — P. 24

Cork, Richard. — «Life and death in the glow of magic lanterns». — The Times. — (Aug. 6, 1996). — P. 30

Elwes, Catherine. — «The big screen». — Art Monthly. — Issue 199 (Sept. 1996). — P. 11-12, 15-16

Gaines, Charles. — «Hotter than July». — Art/Text. — No. 55 (1996). — Sous : «Reviews». — P. 84

Pagel, David. — «Retelling stories of fame and misfortune». — The Los Angeles Times. — (Aug. 8, 1996). — P. 11

Seaton, Matt. — «Film in art». — New Statesman. — Vol. 9, issue 412 (July 19, 1996). — P. 41

1995

Haye, Christian. — «Just an illusion». — Frieze. — No. 24 (Sept./Oct. 1995). — P. 52-53

Julien, Isaac. — «An interview with Isaac Julien». — Collaloo. — Vol. 18, no. 2 (1995). — Interview de Bruce Morrow. — P. 406-415

Julien, Isaac. — «Black nationhood and the rest in the West/an interview with Isaac Julien by Roy Grundmann». — Cineaste. — Vol. 21, nos. 1-2 (1995). — P. 28-31

Nolan, A. M. — «Double dare». — Village Voice. — (Jan. 10, 1995). — P. 50

Ugwu, Catherine. — «Keep on running : the politics of black British performance». — P-Form. — No. 38 (Winter 1995-1996). — P. 6-14

1994

Douglas, Susan. — «Slave and master : picturing the politics and poetics of s/m». — Parachute. — N⁰ 76 (oct./nov./déc. 1994). — P. 29-33

Heiser, Jorg. — «Batty Boys in Babylon». — Spex. — (1994). — P. 49-51

Julien, Isaac. — «Confessions of a snow queen : notes on the making of The Attendant». — Critical Quarterly. — Vol. 36, no. 1 (Spring 1994). — Repris dans The Film Art of Isaac Julien, 2000. — P. [120]-126

Julien, Isaac. — «Queering the pitch : a conversation». — Critical Quarterly. — Vol. 36, no. 1 (Spring 1994). — Interview de Jon Savage. Repris dans The Film Art of Isaac Julien, 2000. — P. [1]-12

Reid-Pharr, R. F. — «Disseminating heterotopia». — African American Review. — Vol. 28, no. 3 (Fall 1994). — P. 347

1993

Arroyo, José. — «The films of Isaac Julien : look back and talk black». — Jump Cut. — No. 36 (1993). — Repris dans Cinema and black diaspora : diversity, dependence, and oppositionality, 1995. — P. 98-107

Burston, Paul. — «The Attendant». — Sight and Sound. — Vol. 3 (Apr. 1993). — Sous : «Shorts». — P. 64-65

1992

«Queer questions». — Sight and Sound. — Vol. 2 (Sept. 1992). — P. 34-35

Best, S. — «Displaced desires». — Black Film Review. — Vol. 7, no. 2 (1992). — P. 8

Dussault, Serge. — «Young Soul Rebels». — La Presse. — (29 févr. 1992). — P. D-6

Fourlanty, Éric. — «Young Soul Rebels : humour noir». — Voir. — (27 févr. 1992). — P. 16

Godard, Colette. — «Musique, sexe, violence : Young Soul Rebels d'Isaac Julien». — Le Monde. — (11 avr. 1992). — P. 16

MacInnis, Craig. — «Filmmaker fears return of "Blacksploitation"». — The Toronto Star. — (Jan. 3, 1992). — P. D-12

Moore, Darrell. — «Queer juxtapositions in Chicago». — Afterimage. — Vol. 19, no. 6 (Jan. 1992). — P. 4-5

Saynor, James. — «Young Soul Rebels». — Interview. — Vol. 22, no. 1 (Jan. 1992). — Sous : «Movies». — P. 24

1991

Diawara, Manthia. — «The absent one : the avant-garde and the black imagery in Looking for Langston». — Wide Angle. — Vol. 13, nos 3-4 (July-Oct. 1991). — Repris dans Representing Black Men, 1996. — P. 96-109

Julien, Isaac. — «States of desire/a conversation between Bell Hooks and Isaac Julien». — Transition. — Vol. 53, no. 3 (1991). — Repris dans Diary of a Young Soul Rebel, 1991. — P. 168-184

Keighron, Peter. — «Film 1 : into a rare groove, Peter Keighron meets Isaac Julien, the young film rebel of British cinema». — New Statesman & Society. — Vol. 4, issue 165 (Aug. 23, 1991). — P. 29-30

MacInnis, Craig. — «Funky film gives punkdom a spin». — The Toronto Star. — (Dec. 20, 1991). — P. D-12

MacInnis, Craig. — «British gay activist enjoys controversial role». — The Toronto Star. — (Sept. 10, 1991). — P. F-4

Mercer, Kobena. — «Dark and lovely : notes on black gay image-making». — Ten.8. — Vol. 2, no. 1 (1991). — P. 78-85

Nicolson, Marinella. — «Isaac Julien's Young Soul Rebels». — Afterimage. — Vol. 19, no. 5 (Dec. 1991). — P. 12-13

Searle, Adrian. — «Thumping pleasure». — Artscribe. — No. 89 (Nov./Dec. 1991). — Sous : «Compass». — P. 22-23

Taubin, Amy. — «Soul to soul». — Sight and Sound. — Vol. 1 (Aug. 1991). — P. 14-17

Thomas, Kevin. — «Making his move into mainstream movies : Isaac Julien's latest film had its local premiere thursday at a benefit for Gay & Lesbian media. "Young soul Rebels", a prize winner at Cannes, cuts across sexual, racial lines in its appeal». — The Los Angeles Times. — (Dec. 6, 1991). — P. 17

1990

«The artists». — Mediamatic. — Vol. 4, no. 4 (Summer 1990). — Numéro spécial : «Edge 90 [Art & Life in the Nineties]». — P. 221-244

Grundmann, Roy. — «Looking for Langston». — Cineaste. — Vol. 18, no. 1 (1990). — P. 27-28

Julien, Isaac. — «Isaac Julien : Looking for Langston – montage of a dream deferred». — Third Text. — No. 12 (Autumn 1990). — Interview de Tony Fisher. — P. 59-70

Thomas, Kevin. — «"Langston" dramatizes black gay experience». — The Los Angeles Times. — (Jan. 26, 1990). — P. [?]

1989

Tate, Greg. — «The Cave : Greg Tate on Looking for Langston». — Artforum. — Vol. 28, no. 4 (Dec. 1989). — P. 19-20

1988

Attille, Martina; Julien, Isaac. — « The passion of remembrance/ an interview with Martina Attille and Isaac Julien by Lynne Jackson and Jean Rasenberger ». — Cineaste. — Vol. 16, no. 4 (1988). — Repris dans *Black Film British Cinema*, 1988. — P. 23

Attille, Martina; Gidal Peter; Julien Isaac; Merck Mandy. — « Aesthetic and politics : working on two fronts? ». — Undercut. — Issue 17 (Spring 1988). — P. [?]

Julien, Isaac. — « Isaac Julien : filmmaker ». — Out/Look : National Lesbian & Gay Quarterly. — Vol. 1, no. 3 (Fall 1988). — Interview de Ruby B. Rich. — P. [?]

Julien, Isaac; Mercer, Kobena. — « Introduction – De margin and De Centre ». — Screen. — Vol. 29, no. 4 (Autumn 1988). — Repris dans *The Film Art of Isaac Julien*, 2000; dans *Black British Cultural Studies : A Reader*, 1996; dans *Stuart Hall : Critical Dialogues in Cultural Studies*, 1996; et en français dans *La vidéo, entre art et communication*, 1997. — P. 2-10

Kruger, Barbara. — « Sankofa Film/Video Collective and Black Audio Film Collective : the collective living cinema ». — Artforum. — Vol. 27, no. 1 (Sept. 1988). — P. 143-144

Rich, Ruby B. — « England, bloody England ». — Village Voice. — Vol. 33, no. 26 (June 28, 1988). — Interview. — P. [?]

White, Armond. — « Young guns and old masters : racing ahead ». — Film Comment. — Vol. 24 (July/Aug. 1988). — P. 2, 4

1987

Crimp, Douglas. — « How to have promiscuity in an epidemic ». — October. — No. 43 (Winter 1987). — P. [237]-[271]

1986

Julien, Isaac; Mercer, Kobena. — « True confessions ». — Ten.8. — Vol. 8, no. 22 (Summer 1986). — Repris dans *Male Order : Unwrapping Masculinity*, 1988, dans *Black Male : Representations of Masculinity in Contemporary American Art*, 1994 et dans *The Film Art of Isaac Julien*, 2000. — P. [?]